2 200 PROMPTS IA

La Boîte Secrète pour Débloquer
une Créativité Illimitée

KOUADIO KONAN JOEL

AMAZONE KDP

"L'échec n'est pas le contraire du succès, mais une étape vers celui-ci."

— ARIANNA HUFFINGTON

TABLE DES MATIÈRES

AVANT-PROPOS

L'intelligence artificielle est en train de redéfinir notre manière de créer, d'innover et d'interagir avec la technologie. Il y a encore quelques années, l'IA semblait être une technologie réservée aux experts et aux grandes entreprises. Aujourd'hui, elle est accessible à tous et se révèle être un véritable levier de productivité et de créativité.

Cependant, une chose essentielle différencie ceux qui utilisent l'IA de manière basique et ceux qui en tirent un véritable avantage : la maîtrise des prompts. Un prompt bien rédigé permet d'exploiter pleinement la puissance de l'IA, qu'il s'agisse de générer du contenu, créer des visuels, optimiser une stratégie marketing ou même concevoir des projets complexes.

C'est dans cette optique que j'ai conçu ce livre : "**2 200 Prompts IA :** La Boîte Secrète pour Débloquer une Créativité Illimitée". Il s'agit bien plus qu'un simple recueil de commandes ; c'est un véritable guide pratique pour maximiser l'impact de l'intelligence artificielle dans tous les domaines.

À travers ces 2 200 prompts soigneusement classés, vous découvrirez comment utiliser l'IA pour :
 Rédiger du contenu captivant (articles, scripts, publicités, newsletters)
 Optimiser votre marketing et votre branding (SEO, storytelling, copywriting)
 Créer des designs et des visuels percutants (logos, illustrations, UI/UX)
 Booster votre productivité et votre organisation (gestion du

temps, automatisation)

☐ Développer vos compétences et vos connaissances(apprentissage, formation, recherche)

☐ Innover et expérimenter dans des domaines comme la finance, la santé ou l'éducation

Ce livre a été conçu pour être un outil pratique et évolutif. Vous pourrez l'utiliser comme une boîte à idées, un compagnon pour développer vos projets et une source d'inspiration infinie.

L'IA ne remplacera jamais la créativité humaine, mais elle peut **l'amplifier et la sublimer. Ce livre vous aidera à maîtriser cet art**, en transformant de simples idées en réalisations concrètes grâce à la puissance des prompts.

L'avenir appartient à ceux qui savent utiliser intelligemment les outils à leur disposition. Et aujourd'hui, cet avenir commence avec l'IA.

Bonne exploration et bon voyage dans l'univers fascinant des prompts IA ! ☐☐

Nous vivons une ère où l'intelligence artificielle ne se limite plus aux laboratoires de recherche ou aux géants de la tech. Aujourd'hui, elle est devenue un outil puissant et accessible à tous, transformant notre manière de penser, de créer et d'interagir avec le monde. Ce livre, "**2 200 Prompts IA** : **La Boîte Secrète pour Débloquer une Créativité Illimitée**", est né de cette révolution et a été conçu pour vous aider à en tirer le meilleur parti.

Pourquoi ce livre ?

Depuis l'essor des modèles d'intelligence artificielle comme ChatGPT, DALL·E, MidJourney et bien d'autres, une question essentielle s'est imposée : comment exploiter efficacement ces outils ? La réponse tient en un mot : les prompts.

Les prompts sont bien plus que de simples commandes ; ils sont la clé qui permet d'ouvrir les portes de l'IA et de la guider vers des résultats précis et pertinents. Un bon prompt peut faire toute la différence entre une réponse générique et un contenu d'une richesse exceptionnelle.

J'ai voulu rassembler ici une collection unique de 2 200 prompts, couvrant tous les domaines imaginables :
Création de contenu (blogs, vidéos, podcasts, storytelling)

2 200 PROMPTS IA

La Boîte Secrète pour Débloquer une Créativité Illimitée

INTRODUCTION

L'intelligence artificielle (IA) est en train de révolutionner la façon dont nous créons, innovons et interagissons avec le monde numérique. Que vous soyez entrepreneur, créateur de contenu, marketeur, écrivain, designer ou simplement curieux des possibilités infinies offertes par l'IA, ce livre est conçu pour vous.

Bienvenue dans **"2 200 Prompts IA : La Boîte Secrète pour Débloquer une Créativité Illimitée"**, un guide incontournable qui vous offre **une collection exclusive de prompts** destinés à exploiter la puissance de l'IA dans tous les domaines. Avec ces prompts, vous pourrez générer du contenu unique, affiner vos idées, automatiser des tâches et maximiser votre productivité comme jamais auparavant.

Pourquoi ce livre ?

Dans un monde où l'IA devient un outil essentiel pour la création et l'innovation, **savoir formuler des prompts efficaces est une compétence clé**. Un bon prompt peut transformer une simple requête en une œuvre d'art, un texte captivant, une stratégie marketing puissante ou encore une avancée scientifique. **L'art du prompt engineering** vous permettra d'obtenir des résultats optimaux et d'exploiter pleinement les capacités des intelligences artificielles comme ChatGPT, MidJourney, DALL·E, et bien d'autres.

Ce que vous allez découvrir

Ce Livre Est Divisé En Plusieurs Catégories Pour Couvrir Tous Les Domaines Où L'ia Peut Être Utilisée :

☐ Création De Contenu Et Médias (Blogs, Vidéos, Réseaux Sociaux, Podcasts)

☐ Marketing Et Publicité (Seo, Copywriting, Branding, Publicité Digitale)

☐ Business Et Entrepreneuriat (Stratégies, Automatisation, Innovation)

☐ Design Et Créativité (Illustrations, Logos, Ui/Ux, Graphisme)

☐ Développement Personnel Et Productivité (Mindset, Organisation, Efficacité)

☐ Science, Technologie Et Éducation (Recherche, Analyses, Apprentissage)

☐ Et Bien Plus Encore !

Comment utiliser ce livre ?

Ce livre est conçu comme **un outil pratique et interactif**. Vous pouvez :

☐ **Chercher des idées instantanées** pour vos projets créatifs et professionnels

☐ **Personnaliser les prompts** selon vos besoins spécifiques

☐ **Expérimenter avec l'IA** pour explorer de nouvelles approches et concepts

☐ **Optimiser vos résultats** en ajustant les suggestions pour des sorties encore plus précises et puissantes

L'avenir est entre vos mains

Que vous souhaitiez **écrire un livre, créer du contenu viral,**

optimiser votre business ou simplement explorer les capacités infinies de l'IA, ce livre vous donnera **les clés pour libérer votre potentiel créatif**.

Alors, prêt à débloquer une créativité illimitée ? 🔓

Bonne exploration et que l'IA booste votre imagination !

PLAN DU LIVRE

L'intelligence artificielle intervient dans de nombreux domaines, révolutionnant diverses industries grâce à l'automatisation, l'analyse de données et l'apprentissage automatique. Voici une liste des principaux domaines d'application de l'IA :

1. Création De Contenu Et Médias

- Génération de texte (ChatGPT, Jasper AI)
- Création d'images et de vidéos (DALL·E, Runway ML)
- Synthèse vocale et deepfakes
- Automatisation du montage vidéo et audio
- Journalisme assisté par IA

2. Informatique Et Développement Logiciel

- Génération de code (GitHub Copilot, Codeium)
- Détection et correction automatique d'erreurs
- Cybersécurité et détection d'intrusions
- Automatisation des tests logiciels
- Optimisation des algorithmes et des systèmes

3. Médecine Et Santé

- Diagnostic assisté par IA (radiologie, dermatologie, cardiologie)

- Développement de médicaments et recherche biomédicale
- Analyse d'images médicales
- Assistance aux chirurgiens via la robotique
- Surveillance des patients et médecine personnalisée

4. Finance Et Économie

- Analyse et prédiction des marchés financiers
- Détection des fraudes bancaires
- Automatisation des conseils en investissement (robo-advisors)
- Scoring de crédit et gestion des risques
- Optimisation de la gestion financière

5. Éducation Et Formation

- Tuteurs virtuels et assistants d'apprentissage
- Création de cours en ligne interactifs et personnalisés
- Analyse des performances des élèves
- Génération automatique de quiz et de supports pédagogiques
- Traduction et transcription automatique

6. Marketing Et Commerce Électronique

- Personnalisation des recommandations produits
- Analyse du comportement des consommateurs
- Chatbots et assistants virtuels pour le service client
- Création de publicités ciblées et optimisées
- Génération automatique de descriptions de produits

7. Industrie Et Automatisation

- Maintenance prédictive des équipements
- Optimisation de la chaîne logistique
- Contrôle qualité automatisé
- Robotique industrielle
- Planification de production optimisée

8. Transport Et Mobilité

- Véhicules autonomes (Tesla, Waymo)
- Optimisation du trafic et gestion des transports
- Systèmes de navigation intelligents
- Analyse prédictive des incidents routiers
- Automatisation de la logistique et des livraisons

9. Agriculture Et Environnement

- Surveillance des cultures et détection des maladies
- Optimisation de l'irrigation et des ressources naturelles
- Prédiction des conditions météorologiques
- Analyse des sols et optimisation des rendements
- Gestion des déchets et tri automatisé

10. Droit Et Sécurité

- Analyse automatique de contrats et documents juridiques
- Détection de fraudes et de violations réglementaires
- Surveillance et reconnaissance faciale
- Prédiction de la criminalité et gestion des risques

- Aide à la décision judiciaire

11. Art Et Divertissement

- Musique générée par IA (AIVA, OpenAI Jukebox)
- Création de scénarios et storytelling automatisé
- Animation et effets spéciaux optimisés
- Jeux vidéo avec IA adaptative
- Expériences interactives et réalités augmentées

CHAPITRE 1.CRÉATION DE CONTENU ET MÉDIAS

L'IA et la Révolution de la Création de Contenu et des Médias

L'intelligence artificielle transforme radicalement le monde de la création de contenu et des médias. Que ce soit pour **rédiger des articles, générer des visuels percutants, créer des vidéos ou optimiser les processus de production**, l'IA offre des outils puissants qui repoussent les limites de la créativité. Cette révolution ne remplace pas l'humain, mais lui permet de **gagner en efficacité, en précision et en originalité**.

Dans ce développement, nous allons explorer **les principales applications de l'IA dans la création de contenu et des médias**, illustrées par des exemples concrets et des cas d'usage.

1. Génération de texte : l'IA comme assistant rédactionnel

Les outils comme **ChatGPT, Jasper AI ou Copy.ai** permettent de **rédiger automatiquement des articles, des descriptions de produits, des scripts vidéo et du contenu marketing**. Ces outils sont particulièrement utiles pour :

- **Les blogueurs et journalistes** : Rédaction d'articles, génération de résumés et analyse de tendances.

- **Les marketeurs** : Création de slogans, d'e-mails promotionnels et d'accroches publicitaires.
- **Les scénaristes et écrivains** : Génération de synopsis, dialogues et scénarios.

Exemple :
Un entrepreneur qui lance un nouveau produit peut utiliser **Jasper AI** pour générer une description percutante et optimiser son SEO en quelques minutes.

2. Création d'images et de vidéos : l'IA comme studio graphique

L'IA révolutionne également **la création de visuels et d'animations** avec des outils comme **DALL·E, Runway ML ou MidJourney**. Ces technologies permettent de **créer des images et des vidéos ultra-réalistes** à partir de simples descriptions textuelles.

- **Pour les designers et artistes** : Génération d'illustrations et d'affiches en quelques secondes.
- **Pour les marques et influenceurs** : Création de visuels marketing uniques et attrayants.
- **Pour le cinéma et la publicité** : Production d'effets spéciaux et de montages innovants.

Exemple :
Un graphiste peut utiliser **DALL·E** pour générer un concept visuel à présenter à son client avant même de commencer à dessiner.

3. Synthèse vocale et deepfakes : des voix et visages plus vrais que nature

L'IA permet aujourd'hui de **générer des voix réalistes et de manipuler des vidéos** avec des technologies comme **Descript, ElevenLabs ou DeepFaceLab**. Ces avancées ont des applications majeures en :

- **Podcasting et narration** : Création de voix synthétiques pour des livres audio et des vidéos.
- **Doublage et traduction automatique** : Adaptation de contenus en plusieurs langues sans perdre l'authenticité.
- **Effets spéciaux et retouches vidéo** : Création de deepfakes et d'avatars numériques pour le divertissement.

Exemple :
Une entreprise peut utiliser **ElevenLabs** pour produire des versions multilingues de ses vidéos promotionnelles sans engager de comédiens de doublage.

4. Automatisation du montage vidéo et audio : un gain de temps considérable

Monter une vidéo ou un podcast peut être chronophage, mais des outils comme **Runway ML, Adobe Sensei et Descript** permettent d'**automatiser le montage, la suppression des bruits parasites et l'optimisation des transitions**.

- **Pour les YouTubers** : Montage rapide et synchronisation automatique des images et du son.
- **Pour les podcasteurs** : Suppression des silences et amélioration de la qualité audio en un clic.
- **Pour les agences de production** : Accélération du processus de post-production.

Exemple :
Un créateur de contenu peut utiliser **Runway ML** pour éditer

une vidéo YouTube sans aucune connaissance technique en montage.

5. Journalisme assisté par IA : un accès plus rapide à l'information

L'IA est aussi un **allié du journalisme**, permettant de :

- **Analyser et résumer de grandes quantités d'informations**.
- **Détecter les tendances et générer des rapports automatisés**.
- **Vérifier les faits et lutter contre les fake news** grâce à l'IA.

Exemple :

Un rédacteur peut utiliser **ChatGPT** pour obtenir un résumé instantané d'un rapport de 100 pages et gagner un temps précieux.

Conclusion : L'IA, un levier d'innovation pour la création de contenu

L'IA ne remplace pas la créativité humaine, mais elle l'amplifie. Grâce à ces outils, **les créateurs de contenu peuvent produire plus rapidement, explorer de nouveaux styles et améliorer leur impact**. Que ce soit pour rédiger, concevoir, monter ou analyser, l'IA ouvre un **monde d'opportunités** dans les médias et la communication.

En exploitant ces prompts et en testant ces outils, chacun peut **réinventer sa manière de créer et de partager du contenu**. L'IA n'est plus un simple gadget, c'est un véritable **partenaire créatif** pour l'avenir de la production digitale.

Voici 200 prompts répartis en plusieurs catégories pour la création de contenu et les médias.

1. Création de Texte et Articles (20 prompts)

1. Rédige un article sur l'impact de l'IA dans le marketing digital.
2. Écris un guide pratique sur le SEO en 2025.
3. Rédige un article sur les tendances du e-commerce.
4. Développe un texte sur les erreurs à éviter en entrepreneuriat.
5. Fais un top 10 des livres les plus influents pour les entrepreneurs.
6. Rédige un article comparatif entre freelancing et salariat.
7. Propose une analyse des meilleures stratégies de growth hacking.
8. Rédige une FAQ sur la création de contenu en ligne.
9. Écris un guide sur le personal branding sur LinkedIn.
10. Explique comment réussir son storytelling en copywriting.

11. Rédige un article sur les meilleures plateformes pour vendre des formations en ligne.

12. Écris un guide sur la productivité pour les créateurs de contenu.

13. Explique l'importance de la psychologie des couleurs en marketing.

14. Rédige un article sur le futur des influenceurs à l'ère de l'IA.

15. Fais un comparatif des outils de création de contenu (Canva, ChatGPT, etc.).

16. Propose un tutoriel pour créer une stratégie de contenu en 5 étapes.

17. Rédige un article sur la monétisation d'un blog en 2025.

18. Écris un guide sur la création et la vente d'ebooks.

19. Analyse les erreurs courantes des entrepreneurs débutants.

20. Propose une check-list pour réussir une campagne de marketing digital.

2. Storytelling et Scénarios (20 prompts)

21. Imagine l'histoire d'un entrepreneur qui a tout perdu avant de réussir.

22. Décris la scène d'ouverture d'un thriller psychologique.

23. Rédige un monologue intérieur d'un personnage avant un grand événement.

24. Imagine une publicité avec un storytelling émotionnel pour une marque de chocolat.

25. Crée une légende urbaine effrayante pour une ville

imaginaire.

26. Écris une anecdote humoristique sur un échec professionnel.
27. Décris une scène de film où un robot devient humain.
28. Imagine une histoire inspirante sur la persévérance.
29. Écris un conte moderne avec une morale sur la réussite.
30. Crée une scène dramatique entre un père et son fils en désaccord.
31. Imagine un dialogue entre deux concurrents dans une négociation cruciale.
32. Écris un scénario de pub humoristique pour une start-up tech.
33. Décris une scène d'amour à distance à l'ère des nouvelles technologies.
34. Imagine une histoire où un influenceur découvre un secret qui change sa vie.
35. Rédige un script de vidéo YouTube sur les entrepreneurs les plus inspirants.
36. Développe une mini-série sur le quotidien d'un créateur de contenu.
37. Imagine une publicité de 30 secondes sur un produit révolutionnaire.
38. Écris une scène où un entrepreneur doit faire un choix crucial.
39. Crée une biographie fictive d'un millionnaire autodidacte.
40. Imagine un scénario de court-métrage sur l'impact des réseaux sociaux.

3. Création de Contenu Social Media (20

prompts)

41. Rédige un thread Twitter sur les meilleures stratégies de marketing digital.

42. Propose une série de posts Instagram sur la productivité.

43. Imagine une légende Instagram engageante pour une photo de voyage.

44. Écris une publication LinkedIn sur les leçons d'un échec entrepreneurial.

45. Crée un script TikTok humoristique sur le télétravail.

46. Propose une vidéo Instagram Reel sur les astuces business.

47. Rédige un post Facebook sur la motivation et la discipline.

48. Crée une série de tweets sur les tendances du freelancing.

49. Imagine un post LinkedIn sur le networking et les relations pro.

50. Écris une introduction percutante pour une vidéo YouTube.

51. Crée un carrousel Instagram sur les erreurs en création de contenu.

52. Rédige une punchline percutante pour un post motivationnel.

53. Imagine un TikTok éducatif sur les soft skills.

54. Propose 5 idées de posts pour une page Facebook business.

55. Crée une vidéo engageante pour annoncer un lancement de produit.

56. Rédige une légende virale pour une vidéo humoristique.

57. Imagine un concept de vidéo virale sur le développement personnel.

58. Propose une stratégie de contenu pour une marque de cosmétiques.

59. Écris un script de vidéo Facebook sur les erreurs des entrepreneurs débutants.

60. Rédige un post LinkedIn sur les livres qui ont changé ta vision du business.

4. Création d'Images et Visuels IA (20 prompts)

61. Génère une image de skyline futuriste cyberpunk.

62. Crée un prompt pour Midjourney sur un logo minimaliste.

63. Imagine une scène de fantasy avec un dragon en IA.

64. Décris un paysage post-apocalyptique réaliste.

65. Génère un visuel pour un concept de voiture électrique innovante.

66. Crée une illustration de couverture pour un livre de science-fiction.

67. Décris un avatar IA réaliste pour un entrepreneur numérique.

68. Propose un design d'affiche pour un festival technologique.

69. Imagine un prompt pour générer une carte de visite moderne.

70. Crée un visuel inspiré des films cyberpunk.

71. Génère une illustration d'un village médiéval sous la neige.

72. Décris un personnage de jeu vidéo avec des détails précis.
73. Imagine un design de tatouage minimaliste et futuriste.
74. Propose un poster inspirant pour un bureau d'entrepreneur.
75. Décris une IA humanoïde dans un univers dystopique.
76. Crée une image pour une campagne de sensibilisation écologique.
77. Imagine un visuel publicitaire pour une startup innovante.
78. Décris un logo pour une marque de bien-être et méditation.
79. Crée une affiche de film inspirée des années 80.
80. Propose un prompt pour une illustration de conte de fées moderne.81-100.

5. Copywriting et Publicité (20 prompts)

81. Rédige un slogan accrocheur pour une startup tech.
82. Crée un texte publicitaire pour une marque de cosmétiques bio.
83. Écris un script publicitaire pour une application de productivité.
84. Imagine une accroche pour une campagne de lancement de produit.
85. Rédige un email marketing pour une offre spéciale limitée.
86. Écris une publicité Facebook pour une formation en ligne.

87. Crée un post LinkedIn pour promouvoir un service de coaching.

88. Propose une description de produit engageante pour une boutique en ligne.

89. Rédige une page de vente convaincante pour un ebook.

90. Écris une annonce Google Ads pour un service de freelancing.

91. Imagine un texte d'affiche publicitaire pour une boisson énergisante.

92. Rédige une campagne publicitaire humoristique pour une marque de vêtements.

93. Crée une série de punchlines pour une marque de streetwear.

94. Écris un script de vidéo publicitaire pour une marque de bien-être.

95. Propose un storytelling pour une publicité inspirante.

96. Rédige un email de relance après un panier abandonné sur un site e-commerce.

97. Crée un post Instagram promotionnel engageant.

98. Imagine une publicité pour un logiciel SaaS B2B.

99. Écris une description YouTube optimisée pour une vidéo promotionnelle.

100. Propose un concept original pour une publicité TikTok.

6. Podcasts et Vidéos (20 prompts)

101. Imagine le concept d'un podcast sur l'entrepreneuriat digital.

102.	Rédige une introduction percutante pour un épisode de podcast.

103.	Crée un plan pour une vidéo YouTube sur les secrets du succès financier.

104.	Propose une liste d'invités pour un podcast sur l'innovation.

105.	Écris un script de vidéo motivationnelle pour YouTube.

106.	Imagine une interview fictive d'un entrepreneur célèbre.

107.	Crée un format de podcast court sur la productivité.

108.	Écris un teaser pour une série de vidéos sur la croissance personnelle.

109.	Propose un concept original pour une émission de talk-show en ligne.

110.	Rédige un appel à l'action engageant pour une vidéo promotionnelle.

111.	Développe une idée de chaîne YouTube éducative.

112.	Imagine un vlog sur une journée type d'un entrepreneur digital.

113.	Écris un script pour une vidéo expliquant une tendance du moment.

114.	Propose un concept de mini-série Instagram Reels sur le business.

115.	Rédige un scénario de storytelling pour une vidéo virale.

116.	Imagine une vidéo sur les erreurs courantes en marketing digital.

117.	Crée une bande-annonce pour un documentaire sur l'intelligence artificielle.

118. Écris un texte d'intro engageant pour une vidéo TikTok éducative.

119. Propose une idée de débat à animer dans un podcast business.

120. Rédige un script de vidéo ASMR sur la relaxation et la concentration.

7. Écriture Créative (20 prompts)

121. Imagine un poème inspiré de l'ère du digital.

122. Rédige une micro-nouvelle sur le futur du travail.

123. Écris un haïku sur l'innovation technologique.

124. Imagine une fable moderne avec une morale entrepreneuriale.

125. Rédige une lettre fictive d'un milliardaire à son jeune moi.

126. Écris un monologue introspectif d'un créateur de contenu en crise.

127. Imagine une conversation entre deux IA dans un futur dystopique.

128. Rédige un texte inspiré du mouvement minimaliste.

129. Crée une histoire basée sur un voyage initiatique dans le monde des affaires.

130. Écris un dialogue entre un mentor et son élève sur la réussite.

131. Imagine une scène dramatique sur un dilemme éthique en intelligence artificielle.

132.   Rédige une lettre de motivation fictive pour un métier du futur.

133.   Décris une utopie où l'IA coexiste parfaitement avec l'humanité.

134.   Écris une lettre de rupture entre un entrepreneur et son premier projet raté.

135.   Imagine une légende mythologique sur la naissance de l'innovation.

136.   Développe un texte de science-fiction sur une start-up extraterrestre.

137.   Écris un discours motivant d'un leader fictif.

138.   Imagine une scène de film inspirée d'un grand échec entrepreneurial.

139.   Rédige une liste de conseils sous forme de proverbes modernes.

140.   Écris un slam sur les défis de l'entrepreneuriat.

---

8. Newsletters et Emails (20 prompts)

141.   Rédige un email de bienvenue engageant pour un programme en ligne.

142.   Propose un format de newsletter hebdomadaire sur le business digital.

143.   Écris un email de fidélisation pour une boutique e-commerce.

144.   Rédige un email promotionnel pour un webinaire gratuit.

145.   Imagine une newsletter avec un storytelling inspirant sur un entrepreneur à succès.

146.	Crée une séquence d'emails pour vendre un cours en ligne.

147.	Rédige un email d'excuse après un retard de livraison.

148.	Propose un template d'email de prospection pour les freelances.

149.	Écris un email de réengagement pour des abonnés inactifs.

150.	Rédige un email informatif sur une mise à jour produit.

151.	Imagine un email humoristique pour une offre spéciale Black Friday.

152.	Écris une newsletter inspirante sur la persévérance et le succès.

153.	Crée un email d'invitation à une conférence virtuelle.

154.	Propose un script pour un email de networking après un événement.

155.	Rédige un email de relance pour un lead chaud en B2B.

156.	Imagine une newsletter sur les tendances du marketing digital.

157.	Écris un email de lancement pour un nouveau service.

158.	Propose un email d'upsell pour un client existant.

159.	Rédige une newsletter éducative sur l'investissement personnel.

160.	Crée un email engageant pour annoncer une collaboration exclusive.

9. Finance et Business (20 prompts)

161.   Rédige un article sur les erreurs financières des jeunes entrepreneurs.

162.   Propose un thread Twitter sur les stratégies d'investissement.

163.   Écris un post LinkedIn sur la gestion des finances personnelles.

164.   Imagine une série de vidéos sur la finance pour débutants.

165.   Rédige un guide sur l'investissement en crypto-monnaies.

166.   Propose un post Instagram sur les leçons d'un entrepreneur millionnaire.

167.   Crée un quiz interactif sur les bases de l'investissement.

168.   Écris une étude de cas sur une entreprise qui a révolutionné son marché.

169.   Propose un article sur la gestion du temps et de l'argent.

170.   Rédige un post motivant sur l'indépendance financière.

171.   Crée un thread Twitter sur les business rentables en 2025.

172.   Écris un guide sur les sources de revenus passifs.

173.   Propose une vidéo éducative sur les erreurs financières courantes.

174.   Rédige un post Facebook sur la psychologie de l'argent.

175.	Imagine un podcast sur les finances personnelles et l'entrepreneuriat.

176.	Écris un thread Twitter sur la gestion des dettes intelligemment.

177.	Rédige un article sur les business modèles les plus rentables.

178.	Crée un post Instagram sur les règles d'or de la richesse.

179.	Écris un guide sur la gestion financière pour freelances.

180.	Propose un contenu vidéo sur les livres incontournables en finance.

## 10.	Développement Personnel et Motivation (20 prompts)

181.	Rédige un article sur les habitudes des entrepreneurs à succès.

182.	Écris un thread Twitter sur la gestion du stress et de la productivité.

183.	Imagine une vidéo YouTube sur les meilleures routines matinales.

184.	Crée un post Instagram sur les citations les plus inspirantes.

185.	Rédige un script de podcast sur la résilience face à l'échec.

186.	Propose un défi de 30 jours pour améliorer la discipline personnelle.

187.	Écris un email motivant pour une newsletter de développement personnel.

188.   Rédige un article sur la visualisation et l'atteinte des objectifs.

189.   Imagine un post LinkedIn sur la gestion du temps et la réussite.

190.   Crée un concept de livre électronique sur la productivité extrême.

191.   Rédige une newsletter hebdomadaire sur l'état d'esprit des leaders.

192.   Propose une série de vidéos TikTok sur les principes du succès.

193.   Écris un post Facebook sur les croyances limitantes et comment les surmonter.

194.   Rédige une introduction percutante pour un séminaire de motivation.

195.   Imagine un scénario de storytelling sur la transformation personnelle.

196.   Crée un quiz interactif sur le type de mindset à adopter pour réussir.

197.   Écris un article sur l'importance de l'intelligence émotionnelle.

198.   Propose un fil Instagram sur les leçons des grands entrepreneurs.

199.   Rédige un message inspirant pour une carte de vœux professionnelle.

200.   Imagine une affiche motivante avec une citation marquante et un visuel puissant.

CHAPITRE 2. INFORMATIQUE ET DÉVELOPPEMENT LOGICIEL

Introduction : L'IA Révolutionne l'Informatique et le Développement Logiciel

Le développement logiciel connaît une transformation majeure grâce à l'intelligence artificielle. Ce qui prenait autrefois **des heures de codage, de tests et de débogage** peut désormais être accompli en quelques minutes avec l'aide d'outils d'IA avancés. Loin d'être une simple tendance, l'IA devient un **compagnon incontournable des développeurs**, leur permettant d'optimiser leur travail, d'accélérer les processus et de renforcer la sécurité des systèmes.

Des outils comme **GitHub Copilot et Codeium** permettent aujourd'hui de **générer automatiquement du code**, réduisant ainsi la charge cognitive des programmeurs et augmentant leur productivité. L'**IA assiste également dans la détection et la correction d'erreurs**, en identifiant les bugs avant même qu'ils ne causent des problèmes critiques.

En matière de **Cybersécurité**, les algorithmes d'apprentissage automatique permettent d'anticiper et de **détecter les intrusions** avec une rapidité et une précision inégalées, renforçant ainsi la protection des données et des infrastructures numériques. L'**automatisation des tests logiciels**, autrefois un processus long et répétitif, permet désormais d'identifier les failles et d'optimiser la qualité du code en temps réel.

Enfin, l'**optimisation des algorithmes et des systèmes** grâce à l'IA ouvre la voie à des logiciels plus performants, plus rapides et mieux adaptés aux besoins des utilisateurs.

Dans ce chapitre, nous explorerons **comment l'IA transforme l'informatique et le développement logiciel**, et nous vous proposerons des **prompts concrets** pour exploiter ces technologies à votre avantage. Que vous soyez **développeur, ingénieur en Cybersécurité, architecte logiciel ou simplement passionné par la tech**, vous découvrirez ici **de nouvelles perspectives pour améliorer votre efficacité et innover dans votre domaine.**

Préparez-vous à coder plus vite, plus intelligemment et plus efficacement grâce à l'intelligence artificielle !

Voici 200 prompts dans le domaine de l'informatique et du développement logiciel, classés par catégories.

1. Programmation et Développement Web (30 prompts)

1. Explique la différence entre un framework et une bibliothèque en programmation.
2. Décris le fonctionnement des API REST et donne un exemple d'implémentation.

3. Écris un tutoriel sur la création d'un site web avec React et Node.js.

4. Compare les avantages et inconvénients de Python et JavaScript pour le développement web.

5. Propose un projet de développement en PHP et Laravel.

6. Explique comment optimiser les performances d'un site web avec Lighthouse.

7. Décris le fonctionnement du DOM et son interaction avec JavaScript.

8. Montre comment utiliser Tailwind CSS pour styliser une application web.

9. Explique les différences entre les bases de données SQL et NoSQL.

10. Écris un guide sur la création d'une API GraphQL avec Apollo Server.

11. Propose un exercice pratique sur l'authentification avec Firebase.

12. Montre comment créer un site web statique avec Jekyll ou Hugo.

13. Écris un article sur les architectures web modernes (monolithique vs microservices).

14. Explique comment gérer l'état global avec Redux ou Vuex.

15. Rédige un tutoriel sur les Progressive Web Apps (PWA).

16. Décris les meilleures pratiques de sécurité en développement web.

17. Montre comment utiliser Docker pour déployer une application web.

18. Explique l'utilité des WebSockets et donne un exemple en Node.js.

19. Propose un guide sur le versionnement de code avec Git et GitHub.

20. Écris un tutoriel sur la création d'une application full-stack avec MERN.

21. Compare les avantages de Django et Flask en Python.

22. Décris l'importance de l'accessibilité (a11y) dans le développement web.

23. Explique comment utiliser OAuth2 pour sécuriser une API.

24. Écris un guide détaillé sur l'optimisation des requêtes SQL.

25. Montre comment déployer un projet Next.js sur Vercel.

26. Explique la gestion de la mémoire en JavaScript et le garbage collector.

27. Rédige un tutoriel sur le déploiement CI/CD avec GitHub Actions.

28. Décris les différentes stratégies de mise en cache dans une application web.

29. Explique l'architecture MVC et donne un exemple d'implémentation.

30. Rédige un comparatif des bases de données les plus populaires en 2025.

2. Intelligence Artificielle et Machine Learning (30 prompts)

31. Décris le fonctionnement des réseaux de neurones artificiels.

32. Explique comment entraîner un modèle de machine learning avec Scikit-Learn.

33. Montre comment utiliser TensorFlow pour une classification d'images.

34. Compare les différences entre apprentissage supervisé et non supervisé.

35. Propose un projet pratique en vision par ordinateur.

36. Écris un guide sur le NLP (Natural Language Processing) et ses applications.

37. Montre comment utiliser OpenAI GPT pour générer du texte.

38. Explique comment fonctionne un modèle de clustering comme K-Means.

39. Propose une implémentation de détection d'anomalies avec Python.

40. Décris l'importance de la qualité des données en IA.

41. Explique les GAN (Generative Adversarial Networks) et leurs applications.

42. Écris un tutoriel sur l'entraînement d'un chatbot avec Rasa.

43. Montre comment utiliser Hugging Face pour fine-tuner un modèle de NLP.

44. Propose un projet d'IA dans le domaine de la Cybersécurité.

45. Compare les frameworks d'IA les plus utilisés (PyTorch, TensorFlow, Keras).

46. Décris les défis éthiques liés à l'intelligence artificielle.

47. Explique le concept du reinforcement learning avec un exemple en Python.

48. Rédige un guide sur l'optimisation des hyperparamètres en ML.

49. Montre comment implémenter un modèle de reconnaissance faciale.

50. Propose une approche pour expliquer un modèle d'apprentissage profond (Explainable AI).

51. Décris les avantages et inconvénients des IA génératives.

52. Montre comment utiliser AutoML pour créer un modèle sans coder.

53. Explique comment faire de la prédiction de séries temporelles avec LSTM.

54. Rédige un article sur l'IA dans le domaine médical.

55. Décris les architectures de modèles de deep learning modernes (Transformers, CNN, RNN).

56. Explique comment utiliser Google Colab pour entraîner un modèle IA.

57. Montre comment tester un modèle IA pour éviter le surapprentissage.

58. Propose un projet d'IA dans l'analyse de sentiments sur Twitter.

59. Décris les étapes de prétraitement des données en machine learning.

60. Rédige un article sur les tendances en IA pour les 5 prochaines années.

3. Cybersécurité et Hacking Éthique (20 prompts)

61. Explique les bases du cryptage et des certificats SSL.

62. Montre comment sécuriser une application web contre les attaques XSS et CSRF.

63. Écris un guide sur les tests de pénétration (Pentesting).

64. Compare les principaux protocoles de chiffrement.

65. Décris les techniques de brute-force et comment les prévenir.

66. Montre comment configurer un pare-feu avec UFW sur Linux.

67. Explique l'anonymat sur Internet et l'utilisation des VPN.

68. Rédige un guide sur les principales attaques de phishing.

69. Décris le fonctionnement du dark web et des cybercriminels.

70. Montre comment utiliser Kali Linux pour tester la sécurité d'un réseau.

71. Écris un article sur les ransomwares et comment s'en protéger.

72. Compare les principaux outils de cybersécurité (Metasploit, Wireshark, Burp Suite).

73. Explique l'importance de l'authentification multifactorielle (MFA).

74. Propose un guide sur la gestion des mots de passe sécurisés.

75. Décris comment fonctionnent les honeypots en cybersécurité.

76. Rédige un article sur les dernières cyberattaques mondiales.

77. Explique les bases de la protection des API contre les attaques DDoS.

78. Montre comment chiffrer un disque dur sous Linux.

79. Décris les techniques de forensics en analyse de cybercriminalité.

80. Explique l'impact de l'IA dans la cybersécurité moderne.

4. DevOps et Cloud Computing (20

prompts)

81. Décris le cycle DevOps et ses avantages.
82. Montre comment configurer un pipeline CI/CD avec Jenkins.
83. Explique la virtualisation et les conteneurs (Docker vs. VM).
84. Compare AWS, Google Cloud et Azure.
85. Montre comment déployer une application serverless avec AWS Lambda.
86. Écris un guide sur Kubernetes et l'orchestration de conteneurs.
87. Décris les meilleures pratiques de monitoring en DevOps.
88. Compare Terraform et Ansible pour la gestion d'infrastructure.
89. Explique comment fonctionne une architecture microservices.
90. Décris comment optimiser le coût d'une infrastructure cloud.

5. Développement Mobile (20 prompts)

91. Explique les différences entre le développement natif, hybride et PWA.
92. Montre comment créer une application mobile avec Flutter.
93. Compare React Native et Swift pour le développement d'applications iOS.
94. Explique comment optimiser les performances d'une

application mobile.

95. Écris un tutoriel sur l'implémentation de Firebase dans une application mobile.

96. Décris le fonctionnement des notifications push avec OneSignal.

97. Montre comment intégrer un paiement in-app avec Stripe.

98. Explique comment utiliser SQLite pour le stockage local en mobile.

99. Rédige un guide sur la publication d'une application sur l'App Store et Google Play.

100. Décris les principes de conception UX/UI pour les applications mobiles.

101. Montre comment gérer l'authentification avec Google et Facebook en mobile.

102. Explique comment créer un mode hors-ligne dans une application mobile.

103. Compare Kotlin et Java pour le développement Android.

104. Montre comment utiliser GraphQL avec une application mobile.

105. Rédige un article sur les tendances du développement mobile en 2025.

106. Explique comment tester une application mobile avec Appium.

107. Décris l'importance de l'accessibilité dans les applications mobiles.

108. Propose un projet d'application mobile en SwiftUI.

109. Montre comment intégrer une carte interactive avec Google Maps API.

110. Explique comment monétiser une

application mobile avec la publicité.

6. Bases de Données et Big Data (20 prompts)

111.   Compare les bases de données relationnelles et non relationnelles.

112.   Explique le fonctionnement d'indexation dans les bases de données SQL.

113.   Montre comment créer une base de données optimisée avec PostgreSQL.

114.   Décris les principes de la normalisation en bases de données.

115.   Explique comment utiliser MongoDB pour une application NoSQL.

116.   Montre comment effectuer une réplication de base de données avec MySQL.

117.   Écris un guide sur la modélisation de bases de données.

118.   Compare Hadoop et Spark pour le traitement de données massives.

119.   Montre comment utiliser Apache Kafka pour le streaming de données.

120.   Explique le concept des bases de données distribuées.

121.   Décris comment sécuriser une base de données contre les injections SQL.

122.   Propose un projet d'analyse de données avec Pandas et SQL.

123.   Montre comment gérer les transactions en base de données.

124. Explique comment faire du data warehousing avec Snowflake.

125. Compare les formats de stockage de données JSON, XML et Parquet.

126. Rédige un guide sur l'optimisation des requêtes SQL.

127. Montre comment utiliser Redis comme cache pour améliorer les performances.

128. Explique le fonctionnement des bases de données graphiques (Neo4j).

129. Rédige un article sur l'évolution des bases de données en 2025.

7. Blockchain et Cryptomonnaies (15 prompts)

130. Explique le fonctionnement de la blockchain et ses applications.

131. Montre comment créer un smart contract avec Solidity et Ethereum.

132. Compare Bitcoin, Ethereum et les cryptomonnaies alternatives.

133. Décris le concept de proof of work et proof of stake.

134. Explique comment fonctionne un NFT et comment en créer un.

135. Montre comment stocker et sécuriser des cryptomonnaies.

136. Rédige un guide sur l'implémentation d'un wallet crypto.

137. Décris les défis liés à la scalabilité des

blockchains.

138.   Explique comment fonctionnent les DAOs (Decentralized Autonomous Organizations).

139.   Montre comment utiliser Hyperledger pour des solutions blockchain privées.

140.   Rédige un article sur la réglementation des cryptomonnaies en 2025.

141.   Explique comment développer une application Web3.

142.   Décris les risques et enjeux liés aux smart contracts.

143.   Montre comment interagir avec la blockchain avec Web3.js.

144.   Compare les différentes plateformes blockchain (Ethereum, Solana, Cardano).

8. Systèmes et Réseaux (20 prompts)

145.   Explique le fonctionnement des réseaux TCP/IP.

146.   Décris les différences entre IPv4 et IPv6.

147.   Montre comment configurer un serveur Linux avec Apache et Nginx.

148.   Écris un guide sur les VPN et leur fonctionnement.

149.   Compare les protocoles HTTP et HTTPS.

150.   Décris le fonctionnement des firewalls et des proxys.

151.   Explique comment fonctionne le DNS et son rôle sur Internet.

152.   Montre comment mettre en place un

réseau sécurisé pour une entreprise.

153. Décris comment fonctionne un load balancer et ses avantages.

154. Explique comment configurer un serveur FTP sécurisé.

155. Montre comment utiliser SSH pour sécuriser l'accès à un serveur distant.

156. Décris les attaques réseau les plus courantes et comment les éviter.

157. Rédige un guide sur la virtualisation avec VMware et VirtualBox.

158. Explique comment fonctionne le BGP et son rôle sur Internet.

159. Montre comment analyser le trafic réseau avec Wireshark.

160. Compare les technologies de stockage réseau (NAS vs SAN).

161. Décris comment fonctionne la redondance réseau pour assurer la haute disponibilité.

162. Explique le concept de SDN (Software-Defined Networking).

163. Montre comment mettre en place une architecture réseau pour un datacenter.

164. Écris un guide sur les principes de base du cloud networking.

9. Automatisation et Scripting (15 prompts)

165. Explique comment automatiser des

tâches avec Python.

166.	Montre comment créer un script Bash pour gérer des fichiers sur Linux.

167.	Décris les différences entre PowerShell et Bash.

168.	Explique comment utiliser Ansible pour automatiser le déploiement d'infrastructures.

169.	Montre comment créer un bot Telegram avec Python.

170.	Rédige un tutoriel sur Selenium pour l'automatisation de tests web.

171.	Compare les langages de scripting les plus populaires en 2025.

172.	Explique comment utiliser cron pour automatiser des tâches sur un serveur Linux.

173.	Montre comment écrire un script d'automatisation pour AWS avec Boto3.

174.	Décris les meilleures pratiques pour écrire un script Shell sécurisé.

175.	Explique comment automatiser le déploiement d'une application avec Terraform.

176.	Montre comment utiliser Puppeteer pour le web scraping.

177.	Compare les outils d'automatisation IT (Puppet, Chef, Ansible).

178.	Rédige un guide sur la création de scripts pour la gestion de logs.

179.	Explique comment intégrer un bot Discord en Python.

10. Informatique Quantique et Futur de

la Tech (10 prompts)

180.   Explique les principes de l'informatique quantique.

181.   Compare les algorithmes quantiques les plus connus.

182.   Montre comment utiliser Qiskit pour programmer un ordinateur quantique.

183.   Décris l'impact potentiel de l'informatique quantique sur la cybersécurité.

184.   Explique comment les qubits diffèrent des bits traditionnels.

185.   Rédige un article sur les défis actuels de l'informatique quantique.

186.   Décris les entreprises leaders dans la recherche quantique.

187.   Montre comment un algorithme quantique peut accélérer le machine learning.

188.   Compare les ordinateurs quantiques et les supercalculateurs classiques.

189.   Écris un guide sur les concepts clés de la physique quantique appliqués à l'IT.

11. Divers et Tendances Technologiques (11 prompts)

190.   Analyse les tendances émergentes en cybersécurité pour les années à venir.

191.   Explique l'impact de l'Edge Computing sur l'Internet des objets (IoT).

192.   Compare l'intelligence artificielle et l'intelligence artificielle générative.

193.   Décris comment la 5G transforme le développement d'applications et les services cloud.

194.   Montre comment utiliser le Low-Code et No-Code pour accélérer le développement d'applications.

195.   Explique comment les entreprises utilisent l'IA pour l'optimisation des infrastructures IT.

196.   Décris le concept de "Digital Twin" et ses applications en informatique.

197.   Rédige un guide sur les meilleures certifications en informatique pour 2025.

198.   Explique le rôle de l'informatique dans la transition énergétique et l'écologie numérique.

199.   Montre comment fonctionne l'architecture serverless et ses avantages.

200.   Écris un article sur l'avenir des interfaces cerveau-machine (BCI) et leur impact sur l'informatique.

CHAPITRE 3. MÉDECINE ET SANTÉ

Introduction : L'Intelligence Artificielle au Service de la Médecine et de la Santé

L'intelligence artificielle (IA) est en train de révolutionner le domaine de la médecine et de la santé. Grâce aux avancées technologiques, elle permet aujourd'hui d'**améliorer la précision des diagnostics, d'accélérer la recherche médicale, d'optimiser les soins aux patients et de renforcer l'efficacité des interventions chirurgicales**. Ce bouleversement offre des opportunités inestimables pour les professionnels de la santé, leur permettant d'offrir **des soins plus rapides, plus précis et mieux adaptés aux besoins des patients**.

L'IA ne remplace pas les médecins, mais elle agit comme **un puissant assistant**, leur fournissant des outils d'aide à la décision, automatisant des tâches complexes et facilitant l'interprétation de données médicales volumineuses.

Dans ce recueil de **prompts dédiés à l'IA en médecine et santé**, nous allons explorer plusieurs domaines où l'intelligence artificielle joue un rôle clé :

- **Diagnostic assisté par IA** : Grâce à l'apprentissage automatique, l'IA peut analyser des examens médicaux comme les radiographies, les échographies ou les IRM pour aider les médecins à identifier des pathologies avec une grande précision.

- **Développement de médicaments et recherche biomédicale** : L'IA accélère la découverte de nouveaux traitements en analysant d'immenses bases de données et en identifiant des molécules prometteuses.

- **Analyse d'images médicales** : L'IA permet une lecture plus rapide et plus fiable des images médicales, réduisant ainsi le risque d'erreurs de diagnostic.
- **Assistance aux chirurgiens via la robotique** : Des robots chirurgicaux assistés par IA améliorent la précision des opérations et permettent des interventions moins invasives.
- **Surveillance des patients et médecine personnalisée** : Grâce aux capteurs connectés et aux algorithmes d'IA, les médecins peuvent suivre en temps réel l'état de santé des patients et adapter les traitements en fonction de leurs besoins spécifiques.

L'IA représente une avancée majeure dans le domaine médical, et son potentiel ne cesse de croître. **Ce guide de prompts vous aidera à explorer toutes ces applications et à tirer parti de l'intelligence artificielle pour améliorer la pratique médicale et la prise en charge des patients.**

Voici 200 prompts utilisables dans le domaine de la Médecine et de la Santé, répartis en différentes catégories.

1. Médecine Générale et Pathologies (30 prompts)

1. Explique les causes et traitements du diabète de type 2.
2. Décris les symptômes et traitements de l'hypertension artérielle.
3. Compare les différents types de maladies cardiovasculaires.
4. Explique les facteurs de risque du cancer du sein.
5. Décris les symptômes précoces de la maladie d'Alzheimer.
6. Compare la grippe et le COVID-19 en termes de symptômes et de prévention.
7. Rédige un guide sur la prévention des AVC.
8. Explique les différents types de diabète et leurs impacts sur la santé.
9. Décris le fonctionnement du système immunitaire.
10. Montre comment détecter les premiers signes d'un cancer colorectal.
11. Explique l'importance du sommeil pour la santé cardiovasculaire.
12. Compare les traitements médicamenteux et naturels de l'anxiété.
13. Décris les complications possibles de l'obésité.
14. Explique les liens entre stress chronique et maladies auto-immunes.
15. Décris les causes et traitements des migraines chroniques.
16. Compare la médecine conventionnelle et les médecines alternatives.
17. Explique comment reconnaître une allergie alimentaire.
18. Décris les effets secondaires courants des antibiotiques.
19. Explique comment prévenir les maladies infectieuses

en voyage.

20. Compare les différents types de vaccins et leur mode d'action.

21. Rédige un guide sur la gestion de l'hypothyroïdie.

22. Explique comment fonctionne la thérapie génique.

23. Décris les impacts de la pollution de l'air sur la santé respiratoire.

24. Explique le rôle du microbiote intestinal dans la santé globale.

25. Compare les différentes formes d'arthrite et leurs traitements.

26. Montre comment gérer une maladie chronique au quotidien.

27. Explique les effets de la déshydratation sur l'organisme.

28. Décris les bienfaits du jeûne intermittent sur la santé.

29. Explique comment détecter une maladie rare.

30. Rédige un article sur l'évolution des traitements contre le cancer.

2. Nutrition et Alimentation (20 prompts)

31. Explique les bienfaits des oméga-3 sur la santé.

32. Compare le régime méditerranéen et le régime cétogène.

33. Décris l'importance des fibres alimentaires dans l'alimentation.

34. Explique les dangers des aliments ultra-transformés.

35. Rédige un guide sur les super aliments et leurs

bienfaits.

36. Compare les effets du sucre blanc et du miel sur la santé.

37. Explique comment adopter une alimentation anti-inflammatoire.

38. Décris les meilleures sources végétales de protéines.

39. Compare le jeûne intermittent et le jeûne prolongé.

40. Explique comment éviter les carences alimentaires chez les végétariens.

41. Décris le rôle du magnésium dans l'organisme.

42. Explique pourquoi l'hydratation est essentielle pour la digestion.

43. Compare les bienfaits des probiotiques et des prébiotiques.

44. Explique l'impact du gluten sur la santé intestinale.

45. Décris les effets de la caféine sur le métabolisme.

46. Rédige un guide sur la lecture des étiquettes alimentaires.

47. Explique pourquoi les antioxydants sont importants pour la santé.

48. Décris comment l'alimentation peut influencer la santé mentale.

49. Compare les édulcorants naturels et artificiels.

50. Explique l'importance des acides aminés essentiels.

3. Santé Mentale et Psychologie (20 prompts)

51. Explique les différences entre stress, anxiété et dépression.

52. Décris les signes d'un burn-out professionnel.

53. Compare la thérapie cognitive et la thérapie comportementale.

54. Explique les effets de la méditation sur le cerveau.

55. Montre comment pratiquer la pleine conscience au quotidien.

56. Décris les bienfaits de l'activité physique sur la santé mentale.

57. Explique les mécanismes de la dépendance aux écrans.

58. Compare les troubles bipolaires et la schizophrénie.

59. Rédige un guide sur la gestion des crises de panique.

60. Explique comment améliorer la résilience émotionnelle.

61. Décris les impacts du manque de sommeil sur la santé mentale.

62. Explique comment développer une routine de bien-être mental.

63. Compare les effets du stress aigu et du stress chronique.

64. Décris les différents types de phobies et leurs traitements.

65. Explique comment surmonter un traumatisme psychologique.

66. Montre comment améliorer l'estime de soi avec des exercices simples.

67. Décris les impacts des réseaux sociaux sur la santé mentale.

68. Compare la psychiatrie et la psychologie clinique.

69. Explique comment l'alimentation influence l'humeur et la cognition.

70. Décris l'importance de la gestion des émotions pour

une bonne santé mentale.

4. Médecine du Sport et Rééducation (20 prompts)

71. Explique les bienfaits de la musculation sur la santé osseuse.
72. Compare les étirements statiques et dynamiques pour la récupération musculaire.
73. Décris comment prévenir les blessures en course à pied.
74. Explique comment optimiser son entraînement cardiovasculaire.
75. Montre comment utiliser la cryothérapie pour la récupération musculaire.
76. Compare les différents types de protéines pour la récupération post-exercice.
77. Décris les impacts de la sédentarité sur la santé musculaire.
78. Explique comment renforcer son système immunitaire avec le sport.
79. Rédige un guide sur la prévention des tendinites.
80. Compare le yoga et le Pilates pour la mobilité et la rééducation.

5. Innovations Médicales et Santé du Futur (20 prompts)

81. Explique comment l'intelligence artificielle

transforme la médecine.

82. Décris les avantages et les limites de la télémédecine.

83. Compare les vaccins traditionnels et les vaccins à ARNm.

84. Explique comment les nanotechnologies sont utilisées en médecine.

85. Décris le potentiel des organes imprimés en 3D.

86. Montre comment la robotique améliore la chirurgie.

87. Compare les tests ADN et leur utilité en médecine préventive.

88. Explique comment la réalité virtuelle est utilisée en rééducation.

89. Décris les enjeux éthiques des modifications génétiques.

90. Rédige un guide sur la médecine personnalisée et ses bénéfices.

6. Médecine d'Urgence et Premiers Secours (20 prompts)

91. Explique comment effectuer une réanimation cardio-pulmonaire (RCP).

92. Décris les gestes à adopter en cas d'étouffement.

93. Montre comment réagir face à une crise d'épilepsie.

94. Explique les étapes pour traiter une brûlure grave.

95. Compare les premiers soins pour une fracture et une entorse.

96. Décris comment arrêter un saignement important.

97. Explique les gestes de premiers secours en cas de noyade.

98. Décris comment prendre en charge une personne inconsciente.

99. Montre comment reconnaître un AVC et réagir rapidement.

100. Compare les différents types de pansements et leur utilisation.

101. Explique comment gérer une intoxication alimentaire aiguë.

102. Décris comment administrer une injection d'adrénaline en cas d'allergie sévère.

103. Explique les risques et la prise en charge d'un choc anaphylactique.

104. Compare les traitements d'urgence pour une hypoglycémie sévère.

105. Explique comment reconnaître une commotion cérébrale.

106. Décris les procédures à suivre en cas d'accident de la route.

107. Montre comment gérer une morsure de serpent ou d'animal venimeux.

108. Explique comment traiter une coupure profonde sans assistance médicale immédiate.

109. Décris les premiers secours en cas d'hypothermie sévère.

110. Explique comment se préparer à une urgence médicale à domicile.

7. Santé Publique et Épidémiologie (20 prompts)

111. Explique les différences entre une

épidémie, une pandémie et une endémie.

112.   Décris les stratégies de vaccination de masse et leur impact.

113.   Montre comment la résistance aux antibiotiques est un problème mondial.

114.   Explique comment les gouvernements réagissent aux crises sanitaires.

115.   Compare les systèmes de santé publique de différents pays.

116.   Décris les impacts du changement climatique sur la santé humaine.

117.   Explique le rôle des épidémiologistes dans la gestion des maladies infectieuses.

118.   Montre comment les maladies zoonotiques émergent et se propagent.

119.   Décris les enjeux de l'accès aux soins dans les pays en développement.

120.   Explique l'impact des politiques de santé publique sur la longévité.

121.   Compare les approches de prévention contre les maladies cardiovasculaires.

122.   Décris comment les pandémies influencent les économies mondiales.

123.   Explique le rôle des organisations mondiales dans la lutte contre les maladies.

124.   Compare les campagnes de prévention contre le tabac et l'alcool.

125.   Décris l'influence des réseaux sociaux sur la perception des vaccins.

126.   Explique pourquoi certaines maladies éradiquées reviennent.

127.   Montre comment les tests de dépistage

précoce sauvent des vies.

128.   Décris le rôle des bases de données médicales dans la recherche épidémiologique.

129.   Explique les controverses autour des médecines alternatives et de la santé publique.

130.   Compare les méthodes de traçage des maladies infectieuses dans l'histoire.

8. Santé et Vieillissement (20 prompts)

131.   Explique comment ralentir le vieillissement cellulaire naturellement.

132.   Décris les bienfaits des oméga-3 pour le cerveau vieillissant.

133.   Montre comment maintenir une bonne densité osseuse après 50 ans.

134.   Compare les différentes méthodes de traitement de l'arthrose.

135.   Explique les facteurs qui influencent la longévité.

136.   Décris comment prévenir la perte de mémoire liée à l'âge.

137.   Montre l'impact du sport sur le vieillissement cérébral.

138.   Compare les thérapies hormonales pour la ménopause.

139.   Explique l'importance de la vitamine D chez les seniors.

140.   Décris les signes précoces de la démence sénile.

141.   Montre comment un mode de vie sain

prolonge l'espérance de vie.

142. Compare les bienfaits du régime méditerranéen pour les seniors.

143. Explique comment éviter la sarcopénie avec l'âge.

144. Décris les meilleures stratégies pour un sommeil réparateur après 60 ans.

145. Explique l'impact du stress sur le vieillissement prématuré.

146. Montre comment la musique aide à prévenir le déclin cognitif.

147. Décris les technologies qui améliorent la qualité de vie des personnes âgées.

148. Explique comment adapter l'alimentation aux besoins des seniors.

149. Montre comment éviter l'isolement social chez les personnes âgées.

150. Compare les nouvelles avancées en médecine anti-âge.

9. Neurosciences et Fonctionnement du Cerveau (20 prompts)

151. Explique comment le cerveau apprend de nouvelles compétences.

152. Décris les effets du manque de sommeil sur la mémoire.

153. Compare le cerveau d'un adulte et celui d'un enfant en développement.

154. Explique comment l'hippocampe joue un rôle clé dans la mémoire.

155. Décris les impacts des drogues sur le cerveau.

156. Montre comment les émotions influencent la prise de décision.

157. Compare la plasticité cérébrale chez les jeunes et les adultes.

158. Explique comment le cerveau réagit au stress chronique.

159. Décris le rôle des neurotransmetteurs dans la régulation de l'humeur.

160. Explique comment l'intelligence artificielle est utilisée en neurosciences.

161. Décris comment l'exercice physique améliore la santé cérébrale.

162. Explique comment la méditation modifie l'activité cérébrale.

163. Montre comment les jeux vidéo influencent le développement du cerveau.

164. Compare le fonctionnement du cerveau d'un introverti et d'un extraverti.

165. Explique comment le cerveau traite la douleur.

166. Décris les effets des écrans sur la concentration et la cognition.

167. Montre comment la musique stimule certaines zones du cerveau.

168. Explique comment les troubles neurodégénératifs affectent les neurones.

169. Décris les liens entre sommeil et consolidation de la mémoire.

170. Compare les thérapies existantes pour traiter les troubles neurologiques.

10. Technologies Médicales et Innovations (20 prompts)

171.   Explique comment la télémédecine révolutionne les soins de santé.

172.   Décris les avantages des implants cérébraux dans le traitement des maladies neurologiques.

173.   Montre comment les robots chirurgicaux améliorent la précision des opérations.

174.   Compare les différents types de thérapies cellulaires en médecine régénérative.

175.   Explique comment l'impression 3D est utilisée pour la fabrication d'organes artificiels.

176.   Décris le rôle des nanorobots dans les traitements médicaux.

177.   Montre comment l'intelligence artificielle aide au diagnostic précoce des maladies.

178.   Compare les nouvelles approches de la médecine personnalisée.

179.   Explique comment les exosquelettes assistent les personnes paralysées.

180.   Décris comment les biocapteurs peuvent améliorer le suivi médical.

181.   Montre comment les essais cliniques ont évolué grâce aux technologies numériques.

182.   Explique comment les bases de données médicales facilitent la recherche clinique.

183.   Compare les différents types de prothèses bioniques.

184.   Décris l'impact des objets connectés sur la santé préventive.

185.   Explique comment les thérapies géniques peuvent traiter certaines maladies génétiques.

186.   Décris les avancées en matière de thérapies contre le cancer.

187.   Montre comment l'analyse du microbiote aide à comprendre certaines pathologies.

188.   Explique comment la blockchain sécurise les dossiers médicaux.

189.   Décris les défis éthiques liés à la médecine augmentée.

190.   Compare les implants rétiniens pour restaurer la vision.

11. Médecine Alternative et Bien-être (10 prompts)

191.   Explique les bienfaits et les limites de l'acupuncture.

192.   Compare l'efficacité des plantes médicinales avec les médicaments conventionnels.

193.   Décris le rôle de l'aromathérapie dans la gestion du stress.

194.   Explique comment le yoga peut améliorer la santé cardiovasculaire.

195.   Montre comment les massages thérapeutiques influencent le bien-être général.

196.   Compare les différentes pratiques de médecine traditionnelle à travers le monde.

197.   Décris l'impact de la méditation sur la gestion de la douleur chronique.

198.   Explique comment l'homéopathie est perçue dans le monde scientifique.

199.   Montre comment la naturopathie peut compléter la médecine conventionnelle.

200.   Décris les précautions à prendre avant d'essayer une thérapie alternative.

CHAPITRE 4.FINANCE ET DE L'ÉCONOMIE

Introduction : L'Intelligence Artificielle au Cœur de la Finance et de l'Économie

L'intelligence artificielle (IA) est devenue un **outil incontournable dans le monde de la finance et de l'économie**, où la rapidité et la précision des analyses sont essentielles. Grâce à des algorithmes avancés et à l'apprentissage automatique, l'IA permet aujourd'hui de traiter d'énormes volumes de données en temps réel, d'identifier des tendances invisibles à l'œil humain et d'automatiser des décisions financières complexes.

Qu'il s'agisse de **l'analyse des marchés financiers, de la gestion des risques, de la détection des fraudes ou encore de l'optimisation des investissements**, l'IA joue un rôle clé dans la modernisation et l'efficacité des systèmes économiques. Elle permet aux entreprises, aux investisseurs et aux institutions financières de **prendre des décisions plus éclairées, d'améliorer leur rentabilité et de minimiser les risques**.

Dans ce recueil de **prompts dédiés à la finance et à l'économie**, nous allons explorer plusieurs domaines d'application de l'IA :

- **Analyse et prédiction des marchés financiers** : L'IA est capable d'analyser en temps réel les fluctuations du marché, d'identifier des tendances et d'anticiper les mouvements boursiers grâce à des modèles prédictifs avancés.

- **Détection des fraudes bancaires** : Grâce à l'apprentissage automatique, l'IA peut repérer des transactions suspectes et prévenir les fraudes en analysant des schémas d'activité inhabituels.

- **Automatisation des conseils en investissement (robo-advisors)** : Des algorithmes intelligents aident les investisseurs à gérer leur portefeuille en leur proposant des stratégies adaptées à leur profil et à leurs objectifs financiers.

- **Scoring de crédit et gestion des risques** : L'IA permet d'évaluer la solvabilité des emprunteurs avec une précision accrue, réduisant ainsi les risques de défaut de paiement pour les institutions financières.

- **Optimisation de la gestion financière** : L'intelligence artificielle aide les entreprises et les particuliers à mieux gérer leur budget, à réduire leurs coûts et à maximiser leurs profits en analysant leurs flux financiers.

L'intelligence artificielle transforme profondément la finance et l'économie, en rendant les décisions plus **rapides, précises et personnalisées**. Ce guide de prompts vous fournira les outils nécessaires pour exploiter tout le potentiel de l'IA dans ces domaines et **optimiser vos stratégies financières avec les technologies les plus avancées**.

Voici 200 prompts utilisables dans le domaine de la Finance et Économie, répartis en plusieurs sous-catégories.

1. Finance Personnelle (25 prompts)

1. Explique l'importance de la gestion budgétaire pour une bonne santé financière.
2. Décris les meilleures stratégies pour économiser efficacement chaque mois.
3. Compare les avantages et inconvénients d'un compte épargne et d'un compte courant.
4. Explique comment créer un budget équilibré en utilisant la règle des 50/30/20.
5. Donne des conseils pour éviter le surendettement et mieux gérer ses crédits.
6. Décris les habitudes financières des personnes financièrement indépendantes.
7. Montre comment automatiser ses finances pour éviter les erreurs de gestion.
8. Analyse les meilleures pratiques pour rembourser ses dettes plus rapidement.
9. Explique comment améliorer son score de crédit et pourquoi c'est important.
10. Décris les erreurs courantes à éviter dans la gestion de ses finances personnelles.
11. Compare les avantages et inconvénients des cartes de crédit et cartes de débit.
12. Explique comment établir un fonds d'urgence et combien d'épargne il faut y consacrer.
13. Décris les meilleures façons d'optimiser ses dépenses pour économiser de l'argent.
14. Compare les différentes méthodes d'investissement adaptées aux débutants.

15. Explique comment gérer ses finances en couple et éviter les conflits d'argent.

16. Décris l'importance de l'éducation financière dès le plus jeune âge.

17. Explique comment utiliser la psychologie pour améliorer ses finances.

18. Compare les différentes stratégies d'épargne retraite et leurs avantages fiscaux.

19. Donne des conseils pour faire face à une crise financière personnelle.

20. Explique comment éviter les arnaques et fraudes financières les plus courantes.

21. Décris les meilleures applications mobiles pour gérer ses finances personnelles.

22. Explique comment négocier son salaire et maximiser ses revenus.

23. Montre comment le minimalisme financier peut améliorer la stabilité économique.

24. Décris comment créer une source de revenus passifs pour atteindre la liberté financière.

25. Analyse les impacts de l'inflation sur l'épargne personnelle et comment s'en protéger.

2. Investissement et Bourse (25 prompts)

26. Explique les principes de base du marché boursier.

27. Décris les différences entre les actions, les obligations et les ETF.

28. Explique l'importance de la diversification d'un portefeuille d'investissement.

29. Analyse les stratégies d'investissement à long terme

vs court terme.

30. Compare l'investissement passif et l'investissement actif.

31. Décris les meilleures plateformes pour investir en bourse en tant que débutant.

32. Explique comment analyser une entreprise avant d'investir dans ses actions.

33. Compare les stratégies de trading : scalping, day trading, swing trading.

34. Décris les critères à prendre en compte avant d'investir dans l'immobilier.

35. Explique les avantages et risques des cryptomonnaies comme investissement.

36. Décris l'impact des taux d'intérêt sur les investissements financiers.

37. Explique comment fonctionne l'effet de levier en trading.

38. Analyse les indices boursiers les plus importants et leur signification.

39. Décris les cycles économiques et leur impact sur les investissements.

40. Explique les meilleures stratégies pour minimiser les risques en bourse.

41. Compare l'investissement en immobilier locatif et l'investissement en actions.

42. Explique comment les dividendes fonctionnent et comment en tirer profit.

43. Décris les tendances actuelles en matière d'investissement durable (ESG).

44. Compare les avantages et inconvénients des IPO et des SPACs.

45. Explique comment protéger son portefeuille

d'investissement en période de crise.

46. Décris le rôle des hedge funds et leur influence sur les marchés financiers.

47. Explique comment utiliser les ratios financiers pour évaluer une entreprise.

48. Compare l'investissement en métaux précieux et l'investissement en cryptomonnaies.

49. Explique comment investir dans l'intelligence artificielle et les nouvelles technologies.

50. Décris les erreurs courantes des investisseurs débutants et comment les éviter.

3. Économie Globale et Macroéconomie (25 prompts)

51. Explique le rôle des banques centrales dans l'économie mondiale.

52. Décris les effets de la mondialisation sur les économies nationales.

53. Analyse les causes et conséquences de l'inflation.

54. Compare le capitalisme, le socialisme et le communisme en termes économiques.

55. Explique comment la dette publique affecte la croissance économique.

56. Décris l'impact des crises financières sur l'économie mondiale.

57. Explique les différences entre PIB, PNB et RNB.

58. Analyse les cycles économiques et comment ils influencent les marchés.

59. Décris le rôle du FMI et de la Banque mondiale dans l'économie mondiale.

60. Compare les politiques monétaires et budgétaires et leur impact.

61. Explique comment le chômage est calculé et ce qu'il signifie pour une économie.

62. Décris l'effet des sanctions économiques sur un pays.

63. Compare les effets de la dévaluation et de la réévaluation monétaire.

64. Explique l'impact des taux de change sur le commerce international.

65. Analyse le rôle des multinationales dans l'économie mondiale.

66. Explique pourquoi certaines économies émergentes connaissent une croissance rapide.

67. Décris les facteurs qui influencent la valeur d'une monnaie.

68. Compare les modèles économiques des États-Unis, de l'Europe et de la Chine.

69. Explique comment les nouvelles technologies transforment l'économie mondiale.

70. Décris les enjeux économiques liés à la transition énergétique.

71. Analyse l'impact des politiques fiscales sur la croissance économique.

72. Explique comment la corruption affecte le développement économique.

73. Compare les différentes crises économiques des 100 dernières années.

74. Analyse l'impact des innovations financières sur l'économie globale.

75. Décris comment les startups disruptent les marchés traditionnels.

4. Cryptomonnaies et FinTech (25 prompts)

76. Explique le fonctionnement du Bitcoin et son impact sur la finance.
77. Compare les cryptomonnaies les plus populaires et leur utilité.
78. Décris les avantages et risques de la blockchain dans la finance.
79. Explique comment fonctionne le minage de cryptomonnaie.
80. Analyse l'impact de la réglementation sur le marché des cryptomonnaies.
81. Décris comment les banques adoptent la technologie blockchain.
82. Explique le concept des stablecoins et leur utilité.
83. Compare les plateformes de trading de cryptomonnaies.
84. Décris les meilleures stratégies pour investir dans les cryptomonnaies.
85. Explique comment sécuriser ses actifs en cryptomonnaies.
86. Compare les ICO, IDO et STO dans l'univers de la crypto.
87. Analyse l'impact des smart contracts sur l'économie numérique.
88. Décris les limites actuelles de la blockchain et les solutions possibles.
89. Explique comment les NFT transforment l'économie numérique.

90. Compare la finance décentralisée (DeFi) et la finance traditionnelle.

91. Décris comment les banques s'adaptent à l'essor des cryptomonnaies.

92. Explique pourquoi certaines cryptos sont plus volatiles que d'autres.

93. Décris les tendances à surveiller dans le domaine des cryptos.

94. Explique comment la tokenisation des actifs change l'investissement.

95. Compare les portefeuilles crypto chauds et froids.

96. Analyse le rôle des métavers dans l'économie digitale.

97. Explique comment détecter les arnaques dans le monde des cryptos.

98. Compare les différentes blockchains en termes de vitesse et coût.

99. Décris le futur de la finance numérique.

100.   Explique comment les cryptomonnaies influencent la géopolitique financière.

5. Éducation Financière et Stratégies de Placement (25 prompts)

101.   Décris l'importance de l'éducation financière dès l'enfance.

102.   Explique comment développer une mentalité d'investisseur à long terme.

103.   Décris les meilleures ressources pour apprendre à investir en bourse.

104.   Analyse l'importance de comprendre les

risques avant de faire des placements financiers.

105.   Explique comment déterminer son profil d'investisseur.

106.   Compare les stratégies de placement pour les jeunes adultes et les personnes proches de la retraite.

107.   Explique pourquoi la diversification est essentielle pour un portefeuille d'investissement.

108.   Montre comment l'investissement dans les fonds indiciels peut être une stratégie rentable à long terme.

109.   Explique l'impact des frais de gestion sur les rendements des investissements.

110.   Décris les différences entre les investissements passifs et actifs.

111.   Analyse l'impact des taux d'intérêt sur les investissements immobiliers.

112.   Compare les investissements dans les actions et les obligations en termes de rendement et de risque.

113.   Explique les avantages des placements immobiliers dans un portefeuille diversifié.

114.   Donne des conseils pour investir en période de volatilité économique.

115.   Explique comment utiliser les indices boursiers pour analyser le marché.

116.   Montre comment calculer le rendement d'un investissement en actions.

117.   Décris les avantages et inconvénients des investissements en matières premières.

118.   Explique les principes fondamentaux de l'investissement éthique et responsable.

119.   Compare les différents types de comptes

d'investissement pour les particuliers.

120. Explique comment l'investissement dans les cryptomonnaies diffère des investissements traditionnels.

121. Décris les erreurs courantes des investisseurs débutants et comment les éviter.

122. Montre comment la planification financière peut aider à atteindre des objectifs à long terme.

123. Explique les bénéfices de l'automatisation des investissements via des robo-advisors.

124. Décris les stratégies d'investissement utilisées par les investisseurs institutionnels.

125. Explique comment le timing du marché affecte le rendement des investissements à long terme.

6. Marchés Financiers et Économie Comportementale (25 prompts)

126. Décris les principales tendances actuelles sur les marchés financiers mondiaux.

127. Explique l'impact des émotions sur la prise de décisions financières.

128. Analyse les biais cognitifs qui influencent les choix d'investissement des particuliers.

129. Décris comment les crises économiques affectent la psychologie des investisseurs.

130. Explique comment les marchés financiers réagissent aux annonces économiques importantes.

131. Compare les théories de la finance

comportementale avec la finance traditionnelle.

132.   Décris les effets de la surévaluation des actifs sur l'économie globale.

133.   Analyse le rôle des médias financiers dans la perception des marchés.

134.   Décris les principes de la théorie des marchés efficients.

135.   Explique l'importance de la gestion des risques dans la prise de décisions financières.

136.   Analyse le rôle des investisseurs institutionnels sur les marchés financiers.

137.   Compare les différentes approches de la prévision économique dans la finance comportementale.

138.   Décris les événements économiques qui déclenchent des changements de sentiment sur les marchés.

139.   Explique comment l'effet de levier peut amplifier les risques sur les marchés financiers.

140.   Montre comment les gouvernements influencent les marchés financiers avec des politiques fiscales.

141.   Décris les facteurs qui influencent les fluctuations des prix des actions.

142.   Explique l'impact des taux d'intérêt sur la psychologie des investisseurs.

143.   Compare l'investissement socialement responsable avec l'investissement traditionnel.

144.   Analyse les tendances des investissements ESG et leur influence sur les marchés financiers.

145.   Décris les stratégies des investisseurs qui réussissent à surperformer le marché.

146.   Explique les effets des cycles économiques sur le comportement des consommateurs.

147.   Compare les rendements des actions et des obligations sur plusieurs décennies.

148.   Analyse l'impact des politiques monétaires sur la stabilité des marchés financiers.

149.   Décris comment l'inflation influence les décisions d'investissement.

150.   Explique comment les taux de change peuvent affecter la rentabilité des entreprises multinationales.

7. Finance Internationale et Commerce Mondial (25 prompts)

151.   Explique l'impact de la politique commerciale sur l'économie mondiale.

152.   Décris le rôle des accords commerciaux internationaux dans la régulation des marchés financiers.

153.   Analyse l'impact de la guerre commerciale entre deux grandes économies sur le marché mondial.

154.   Compare les principaux systèmes financiers dans les économies développées et émergentes.

155.   Décris les conséquences économiques de la sortie du Royaume-Uni de l'Union européenne.

156.   Analyse les effets de la guerre des devises sur l'économie mondiale.

157.   Explique comment les investissements

étrangers affectent la croissance économique d'un pays.

158.   Compare les régulations financières internationales pour lutter contre le blanchiment d'argent.

159.   Décris les effets des sanctions économiques sur le commerce mondial.

160.   Analyse l'impact des taux de change sur les exportations et importations.

161.   Explique comment les crises économiques mondiales affectent les marchés émergents.

162.   Décris les avantages et inconvénients des zones de libre-échange.

163.   Explique le rôle des banques internationales dans la facilitation du commerce mondial.

164.   Compare les économies de marché et les économies planifiées dans un contexte international.

165.   Analyse les enjeux économiques du commerce entre les États-Unis et la Chine.

166.   Décris les effets de la mondialisation sur la compétitivité des entreprises nationales.

167.   Explique l'impact des investissements directs étrangers sur l'économie locale.

168.   Décris les défis économiques des pays en développement face à la dette extérieure.

169.   Analyse l'impact des politiques fiscales internationales sur les entreprises multinationales.

170.   Explique comment la politique monétaire des grandes puissances économiques influence l'économie mondiale.

171.   Compare les différents types de marchés financiers dans les économies en développement.

172.   Décris l'impact des innovations technologiques sur le commerce international.

173.   Explique comment les traités internationaux influencent les réglementations fiscales.

174.   Analyse les effets des taux d'intérêt mondiaux sur les investissements internationaux.

175.   Décris les conséquences de la déglobalisation sur l'économie mondiale.

8. Économie du Développement et Progrès Durable (25 prompts)

176.   Décris les facteurs qui contribuent au développement économique des pays en développement.

177.   Compare les politiques économiques mises en place pour réduire la pauvreté.

178.   Analyse l'impact du changement climatique sur l'économie mondiale.

179.   Explique comment l'innovation peut favoriser la croissance économique dans les pays émergents.

180.   Décris les politiques économiques visant à réduire les inégalités de revenus.

181.   Compare les différentes approches du développement durable en économie.

182.   Explique comment l'investissement dans l'éducation peut stimuler le développement

économique.

183. Analyse les enjeux économiques liés à la transition énergétique vers des énergies renouvelables.

184. Décris l'impact des investissements en infrastructure sur la croissance économique.

185. Compare les stratégies de développement économique en Afrique, Asie et Amérique latine.

186. Explique les effets des subventions gouvernementales sur les industries locales.

187. Décris les rôles de la microfinance dans les économies émergentes.

188. Analyse les effets des politiques commerciales sur les pays en développement.

189. Explique le rôle des organisations internationales dans le développement économique des pays pauvres.

190. Décris les conséquences de l'urbanisation rapide sur l'économie mondiale.

191. Analyse les avantages économiques des politiques de protection de l'environnement.

192. Compare les modèles économiques du capitalisme et du socialisme dans un contexte de développement.

193. Explique comment les réformes fiscales peuvent favoriser le développement économique.

194. Décris les obstacles à la croissance économique dans les pays en développement.

195. Analyse l'impact de l'infrastructure numérique sur la compétitivité des pays en développement.

196. Décris les enjeux économiques liés à la durabilité des systèmes alimentaires mondiaux.

197.	Explique l'importance de la coopération internationale pour le développement durable.

198.	Analyse les effets du financement du développement par les investissements étrangers.

199.	Décris les initiatives économiques pour améliorer l'accès à l'eau potable dans les pays en développement.

200.	Compare les stratégies économiques de lutte contre le changement climatique dans les économies avancées et en développement.

CHAPITRE 5.L'ÉDUCATION ET LA FORMATION

Introduction : L'Intelligence Artificielle au Service de l'Éducation et de la Formation

L'intelligence artificielle (IA) transforme profondément **l'éducation et la formation**, en offrant de nouvelles méthodes d'apprentissage plus interactives, personnalisées et accessibles. Grâce aux avancées technologiques, les enseignants, formateurs et apprenants peuvent aujourd'hui bénéficier d'**outils intelligents** qui facilitent la transmission et l'acquisition des connaissances.

L'IA permet d'**analyser les performances des élèves**, de proposer des contenus adaptés à leur niveau, d'automatiser la création de supports pédagogiques et même de briser les barrières linguistiques grâce à la traduction automatique. Son intégration dans l'éducation améliore non seulement l'efficacité de l'enseignement, mais aussi l'engagement des apprenants.

Dans ce recueil de **prompts dédiés à l'éducation et à la formation**, nous explorerons plusieurs applications clés de l'IA :

- **Tuteurs virtuels et assistants d'apprentissage** : Des chatbots et assistants IA peuvent répondre aux questions des étudiants, les guider dans leurs révisions et leur fournir un accompagnement personnalisé.

- **Création de cours en ligne interactifs et personnalisés** : L'IA permet de générer du contenu pédagogique adapté aux besoins des apprenants, en intégrant des vidéos, des quiz interactifs et des exercices adaptés à leur niveau.

- **Analyse des performances des élèves** : Grâce aux algorithmes de machine learning, il est possible d'identifier les forces et faiblesses des apprenants et d'adapter les stratégies d'enseignement en conséquence.

- **Génération automatique de quiz et de supports pédagogiques** : L'IA peut créer automatiquement des tests, des exercices et des supports de cours basés sur des programmes éducatifs spécifiques.

- **Traduction et transcription automatique** : En facilitant l'accès à des contenus dans plusieurs langues, l'IA aide à démocratiser l'apprentissage et à rendre l'éducation plus inclusive.

L'éducation est un domaine où **l'IA peut réellement faire la différence**, en offrant **des solutions innovantes pour améliorer l'apprentissage et rendre les connaissances accessibles à tous**. Ce guide de prompts vous fournira les outils nécessaires pour exploiter pleinement le potentiel de l'intelligence artificielle dans l'enseignement et la formation.

Voici 200 prompts dans le domaine de l'Éducation et la Formation, organisés en plusieurs catégories.

1. Pédagogie et Méthodes d'Enseignement (25 prompts)

1. Décris les avantages de l'apprentissage actif en classe.
2. Compare l'enseignement traditionnel et l'enseignement basé sur les compétences.
3. Explique comment adapter l'enseignement aux différents styles d'apprentissage.
4. Décris l'importance du jeu dans l'apprentissage des enfants.
5. Analyse les bénéfices de la classe inversée pour les élèves.
6. Explique comment utiliser la pédagogie différenciée pour répondre aux besoins des élèves.
7. Décris les avantages et inconvénients des méthodes d'évaluation formative.
8. Explique comment favoriser la pensée critique chez les élèves.
9. Analyse l'importance du feedback constructif en éducation.
10. Décris les stratégies pour motiver les élèves en difficulté.
11. Explique le rôle des neurosciences dans l'amélioration des méthodes pédagogiques.
12. Compare l'éducation Montessori et l'éducation traditionnelle.
13. Analyse les avantages du travail collaboratif en classe.
14. Décris comment intégrer l'apprentissage par projet dans un programme éducatif.
15. Explique les bénéfices de l'éducation personnalisée sur

la réussite scolaire.

16. Analyse comment les enseignants peuvent favoriser l'autonomie des élèves.

17. Décris comment améliorer l'engagement des élèves à l'aide de la gamification.

18. Compare l'apprentissage individuel et l'apprentissage en groupe.

19. Explique comment enseigner la résolution de problèmes à travers des études de cas.

20. Décris les techniques pour renforcer la mémorisation des élèves.

21. Analyse les défis de l'enseignement des matières scientifiques.

22. Explique l'importance du storytelling dans l'enseignement.

23. Décris comment intégrer la créativité dans l'apprentissage.

24. Analyse les effets de l'apprentissage interdisciplinaire sur la compréhension des élèves.

25. Explique comment gérer une classe hétérogène avec des niveaux variés.

2. Technologie et Éducation Numérique (25 prompts)

26. Décris l'impact de la technologie sur l'apprentissage des élèves.

27. Compare l'apprentissage en ligne et l'apprentissage en présentiel.

28. Explique comment utiliser l'intelligence artificielle pour améliorer l'éducation.

29. Analyse les bénéfices de l'utilisation des tablettes et ordinateurs en classe.

30. Décris comment intégrer les serious games dans l'enseignement.

31. Explique comment la réalité augmentée peut révolutionner l'éducation.

32. Compare l'apprentissage en ligne et les MOOCs (Massive Open Online Courses).

33. Analyse l'importance des plateformes d'apprentissage interactives.

34. Décris comment les enseignants peuvent utiliser les médias sociaux pour l'apprentissage.

35. Explique comment créer du contenu éducatif engageant en ligne.

36. Compare les outils d'apprentissage comme Kahoot, Quizlet et Socrative.

37. Décris comment la gamification améliore l'engagement des élèves.

38. Analyse l'impact du métavers sur l'éducation du futur.

39. Explique comment le big data peut aider à personnaliser l'apprentissage.

40. Décris comment l'apprentissage adaptatif peut révolutionner l'éducation.

41. Compare les plateformes d'apprentissage comme Udemy, Coursera et Khan Academy.

42. Explique les limites de l'apprentissage en ligne pour les jeunes enfants.

43. Décris comment utiliser les podcasts comme outil éducatif.

44. Analyse les enjeux de la cybersécurité dans l'apprentissage numérique.

45. Explique comment concevoir un module de formation en ligne efficace.
46. Décris les meilleures pratiques pour évaluer l'efficacité des cours en ligne.
47. Analyse les défis de l'apprentissage à distance dans les pays en développement.
48. Explique comment intégrer les compétences numériques dans les cursus scolaires.
49. Décris comment l'intelligence artificielle peut assister les enseignants.
50. Analyse l'impact du e-learning sur la formation continue des professionnels.

3. Éducation et Développement Personnel (25 prompts)

51. Explique comment développer l'intelligence émotionnelle chez les élèves.
52. Décris l'importance de la confiance en soi dans l'apprentissage.
53. Analyse comment la gestion du stress affecte la réussite scolaire.
54. Décris les meilleures techniques pour améliorer la concentration des élèves.
55. Explique comment enseigner la résilience aux enfants.
56. Compare l'éducation académique et l'éducation émotionnelle.
57. Analyse l'impact de la lecture sur le développement personnel des élèves.
58. Décris comment cultiver la curiosité et la créativité

chez les enfants.

59. Explique comment le sport contribue au bien-être des élèves.

60. Analyse l'effet de la méditation et du mindfulness sur les performances scolaires.

61. Décris comment favoriser un état d'esprit de croissance (growth mindset) chez les élèves.

62. Explique l'importance de l'éducation morale et civique.

63. Analyse les effets de la procrastination sur les résultats scolaires.

64. Décris comment apprendre à gérer son temps efficacement.

65. Explique l'impact des activités parascolaires sur le développement personnel.

66. Compare l'apprentissage autodidacte et l'apprentissage encadré.

67. Analyse comment les voyages éducatifs influencent l'ouverture d'esprit.

68. Décris comment enseigner la prise de décision aux jeunes.

69. Explique l'importance de l'équilibre entre vie académique et loisirs.

70. Analyse comment la motivation intrinsèque influence la réussite.

71. Décris comment enseigner la gestion financière aux élèves.

72. Explique comment l'apprentissage des langues favorise le développement personnel.

73. Analyse l'importance de l'éthique et des valeurs dans l'éducation.

74. Décris comment encourager l'entrepreneuriat chez

les étudiants.

75. Explique comment les expériences de volontariat renforcent les compétences des jeunes.

4. Systèmes Éducatifs et Réformes (25 prompts)

76. Compare les systèmes éducatifs de différents pays.

77. Analyse les impacts des réformes éducatives sur les performances scolaires.

78. Décris comment réduire les inégalités scolaires.

79. Explique comment améliorer la formation des enseignants.

80. Compare l'éducation publique et privée en termes d'efficacité.

81. Analyse les défis du décrochage scolaire et comment le prévenir.

82. Décris les bénéfices des classes multi-niveaux.

83. Explique comment l'éducation peut réduire la pauvreté.

84. Compare l'éducation formelle et l'éducation informelle.

85. Analyse l'importance de l'éducation des filles dans les pays en développement.

86. Décris comment rendre l'éducation plus accessible aux personnes handicapées.

87. Explique l'impact de la gratuité scolaire sur la qualité de l'éducation.

88. Analyse les effets de la mondialisation sur les systèmes éducatifs.

89. Décris comment améliorer l'orientation scolaire des

étudiants.

90. Explique l'importance des compétences du 21ᵉ siècle dans l'éducation.

91. Analyse comment la digitalisation peut transformer l'éducation nationale.

92. Compare les approches éducatives en Asie, en Europe et en Amérique du Nord.

93. Explique comment renforcer la coopération entre parents et enseignants.

94. Décris les défis de l'éducation en milieu rural.

95. Analyse l'impact des politiques éducatives sur la performance des élèves.

96. Explique pourquoi l'éducation doit être adaptée aux besoins du marché du travail.

97. Décris comment favoriser l'égalité des chances à l'école.

98. Compare les avantages du bac, du baccalauréat international et du diplôme américain.

99. Explique pourquoi l'éducation doit inclure des cours sur la gestion des émotions.

100. Analyse l'effet du nombre d'élèves par classe sur l'apprentissage.

5. Formation Professionnelle et Apprentissage Continu (25 prompts)

101. Décris l'importance de la formation continue pour les professionnels.

102. Analyse les différences entre la formation en entreprise et la formation académique.

103.   Explique comment les MOOCs révolutionnent la formation professionnelle.

104.   Décris les meilleures pratiques pour apprendre de nouvelles compétences rapidement.

105.   Compare la formation autodidacte et la formation encadrée.

106.   Explique comment développer un programme de formation efficace pour adultes.

107.   Analyse les défis de la reconversion professionnelle et comment les surmonter.

108.   Décris comment utiliser le mentorat pour améliorer les compétences professionnelles.

109.   Explique comment la formation en ligne peut améliorer la productivité des entreprises.

110.   Analyse les avantages des certifications professionnelles par rapport aux diplômes classiques.

111.   Décris comment les soft skills influencent la réussite professionnelle.

112.   Explique comment intégrer le microlearning dans les formations d'entreprise.

113.   Compare les formations courtes et les formations longues en entreprise.

114.   Analyse l'impact de la formation sur la satisfaction et la motivation des employés.

115.   Décris comment mesurer l'efficacité d'une formation professionnelle.

116.   Explique comment les entreprises peuvent encourager l'apprentissage en continu.

117.   Analyse comment l'intelligence artificielle peut améliorer la formation professionnelle.

118. Décris les meilleures pratiques pour enseigner des compétences techniques.

119. Explique pourquoi la formation en entreprise doit inclure le développement personnel.

120. Compare les formations en présentiel et les formations à distance en entreprise.

121. Analyse comment le coaching professionnel diffère de la formation classique.

122. Décris comment créer un plan de formation adapté aux besoins d'une organisation.

123. Explique comment favoriser l'apprentissage collaboratif en entreprise.

124. Analyse l'importance du feedback dans la formation continue.

125. Décris comment les entreprises peuvent développer une culture de l'apprentissage.

6. Enseignement des Langues et Multilinguisme (25 prompts)

126. Décris les avantages du bilinguisme sur le cerveau.

127. Compare les différentes méthodes d'apprentissage des langues étrangères.

128. Explique comment les technologies facilitent l'apprentissage des langues.

129. Analyse les défis des apprenants adultes dans l'apprentissage d'une langue.

130. Décris comment l'immersion linguistique accélère l'apprentissage d'une langue.

131. Explique comment enseigner

efficacement une langue étrangère.

132.	Analyse l'impact des accents sur la communication en langue étrangère.

133.	Décris comment le voyage et la culture influencent l'apprentissage des langues.

134.	Explique comment la musique et les films aident à apprendre une langue.

135.	Compare les applications d'apprentissage des langues comme Duolingo et Babbel.

136.	Analyse l'importance des échanges linguistiques dans l'apprentissage d'une langue.

137.	Décris comment améliorer la prononciation en langue étrangère.

138.	Explique pourquoi certaines langues sont plus difficiles à apprendre que d'autres.

139.	Analyse l'effet du multilinguisme sur la mémoire et la cognition.

140.	Décris comment structurer un cours de langue efficace.

141.	Explique comment intégrer la grammaire dans l'apprentissage des langues.

142.	Analyse l'impact du langage corporel dans l'apprentissage des langues.

143.	Décris comment enseigner une langue étrangère aux enfants.

144.	Explique pourquoi certaines personnes apprennent plus rapidement une langue.

145.	Compare l'apprentissage d'une langue en ligne et en présentiel.

146.	Analyse les avantages des séjours linguistiques sur la progression en langue.

147.	Décris comment surmonter la peur de

parler une langue étrangère.

148. Explique comment la traduction et l'interprétation diffèrent en termes d'apprentissage.

149. Analyse les effets du contact avec des locuteurs natifs sur l'apprentissage d'une langue.

150. Décris comment le storytelling peut aider à mémoriser le vocabulaire d'une langue.

7. Inclusion et Accessibilité en Éducation (25 prompts)

151. Décris comment rendre l'éducation plus inclusive pour les élèves handicapés.

152. Analyse l'impact des technologies d'assistance sur l'apprentissage des élèves en situation de handicap.

153. Explique pourquoi il est important d'adapter les supports pédagogiques aux besoins des élèves.

154. Compare les défis de l'inclusion scolaire dans différents pays.

155. Décris comment enseigner efficacement à des élèves ayant des troubles de l'apprentissage.

156. Explique comment le braille facilite l'accès à l'éducation des personnes malvoyantes.

157. Analyse comment les écoles peuvent améliorer l'accessibilité pour les élèves à besoins spécifiques.

158. Décris comment adapter les examens pour les élèves en situation de handicap.

159. Explique comment favoriser un

environnement d'apprentissage équitable.

160. Analyse les défis de l'enseignement des élèves autistes.

161. Décris comment former les enseignants à l'éducation inclusive.

162. Explique comment les parents peuvent soutenir l'apprentissage des enfants en difficulté.

163. Analyse l'impact des aménagements scolaires sur la réussite des élèves à besoins particuliers.

164. Décris comment utiliser la technologie pour améliorer l'accessibilité en éducation.

165. Explique comment les enseignants peuvent encourager l'acceptation et la diversité en classe.

166. Analyse les différences entre inclusion et intégration dans l'éducation.

167. Décris comment aider les élèves ayant des troubles du langage.

168. Explique pourquoi les méthodes d'enseignement doivent être adaptées à chaque élève.

169. Analyse l'impact de l'inclusion scolaire sur les élèves neurotypiques.

170. Décris comment enseigner aux élèves ayant des troubles de l'attention.

171. Explique comment les universités peuvent améliorer l'accessibilité pour les étudiants handicapés.

172. Analyse les bénéfices d'un programme éducatif inclusif pour la société.

173. Décris comment les politiques publiques peuvent améliorer l'éducation inclusive.

174.   Explique pourquoi l'accessibilité numérique est essentielle pour l'apprentissage en ligne.

175.   Analyse comment les enseignants peuvent utiliser l'empathie pour aider les élèves en difficulté.

8. Éducation et Développement Durable (25 prompts)

176.   Décris comment intégrer l'éducation au développement durable dans les programmes scolaires.

177.   Analyse l'impact de l'éducation sur la sensibilisation environnementale.

178.   Explique pourquoi enseigner la consommation responsable aux jeunes est essentiel.

179.   Compare les initiatives écologiques dans les écoles de différents pays.

180.   Décris comment les écoles peuvent réduire leur empreinte carbone.

181.   Explique comment les enseignants peuvent encourager les pratiques écologiques chez les élèves.

182.   Analyse l'importance des jardins pédagogiques dans l'éducation au développement durable.

183.   Décris comment les étudiants peuvent s'impliquer dans des projets de développement durable.

184.   Explique pourquoi les

entreprises recherchent des employés sensibilisés au développement durable.

185. Analyse les effets du changement climatique sur l'éducation dans les pays en développement.

186. Décris comment les cours de science peuvent intégrer des thématiques écologiques.

187. Explique pourquoi l'éducation à l'éthique environnementale est importante.

188. Analyse comment les écoles peuvent encourager la mobilité durable.

189. Décris comment organiser des événements scolaires écoresponsables.

190. Explique comment enseigner l'économie circulaire aux élèves.

191. Analyse l'impact de l'éducation à la biodiversité sur la protection de l'environnement.

192. Décris comment les jeunes peuvent être acteurs du développement durable.

193. Explique comment utiliser les jeux éducatifs pour enseigner l'écologie.

194. Analyse comment la crise climatique influence l'éducation.

195. Décris comment promouvoir le zéro déchet dans les écoles.

196. Explique pourquoi il est essentiel d'enseigner l'économie verte aux étudiants.

197. Analyse l'impact des technologies vertes sur l'éducation.

198. Décris comment les écoles peuvent utiliser l'énergie renouvelable.

199. Explique comment sensibiliser les élèves aux défis mondiaux du développement durable.

200.   Analyse comment l'éducation peut contribuer à un futur plus durable.

CHAPITRE 6. MARKETING ET DU COMMERCE ÉLECTRONIQUE

Introduction : L'Intelligence Artificielle au Service du Marketing et du Commerce Électronique

L'intelligence artificielle (IA) est en train de **révolutionner le marketing et le commerce électronique**, en permettant aux entreprises d'optimiser leurs stratégies, d'améliorer l'expérience client et d'augmenter leurs ventes. Grâce à l'IA, les marques peuvent désormais analyser **d'immenses quantités de données en temps réel**, comprendre les préférences des consommateurs et leur proposer des offres ultra-personnalisées.

L'IA permet également d'**automatiser et d'optimiser de nombreuses tâches marketing**, allant de la création de contenus publicitaires à la gestion du service client. Elle joue un rôle clé dans l'**amélioration de la relation client**, en offrant des interactions plus fluides et en apportant des réponses instantanées grâce aux chatbots intelligents.

Dans ce recueil de **prompts dédiés au marketing et au commerce électronique**, nous explorerons plusieurs applications de l'IA :

- **Personnalisation des recommandations produits** : En analysant le comportement des consommateurs, l'IA peut proposer des produits adaptés aux préférences de chaque client, augmentant ainsi les taux de conversion.
- **Analyse du comportement des consommateurs** : L'IA

permet de décrypter les tendances du marché et les habitudes d'achat pour affiner les stratégies marketing.

- **Chatbots et assistants virtuels pour le service client** : Ces outils automatisés répondent aux questions des clients 24/7, améliorant leur satisfaction et réduisant les coûts de support.
- **Création de publicités ciblées et optimisées** : Les algorithmes d'IA analysent les données des utilisateurs pour créer des annonces pertinentes et performantes.
- **Génération automatique de descriptions de produits** : L'IA peut rédiger des descriptions précises et attractives pour les catalogues e-commerce, optimisées pour le référencement et la conversion.

L'intelligence artificielle apporte **un avantage concurrentiel majeur aux entreprises** en leur permettant d'être plus réactives, plus efficaces et plus proches de leurs clients. **Ce guide de prompts vous aidera à exploiter pleinement le potentiel de l'IA dans le marketing et le commerce en ligne**, afin d'optimiser vos stratégies et de maximiser votre succès.

Voici 200 prompts dans le domaine du Marketing et Commerce Électronique, organisés en plusieurs catégories.

1. Stratégies de Marketing Digital (25 prompts)

1. Explique comment créer une stratégie de marketing digital efficace.
2. Analyse les tendances actuelles du marketing digital.
3. Compare les avantages du marketing de contenu et du marketing payant.
4. Décris comment optimiser un site web pour le SEO.
5. Explique comment utiliser Google Ads pour générer des ventes.
6. Analyse l'importance du marketing omnicanal.
7. Décris comment utiliser le marketing automation pour améliorer la conversion.
8. Explique comment mesurer le retour sur investissement (ROI) en marketing digital.
9. Compare le marketing d'influence et la publicité traditionnelle.
10. Décris comment les chatbots peuvent améliorer l'expérience client.
11. Analyse les stratégies de remarketing les plus efficaces.
12. Explique comment segmenter son audience pour des campagnes publicitaires ciblées.
13. Décris les avantages du marketing mobile.
14. Compare le marketing B2B et le marketing B2C.
15. Explique comment l'intelligence artificielle transforme le marketing digital.
16. Analyse l'impact des algorithmes des réseaux sociaux sur le marketing.
17. Décris comment utiliser le storytelling en marketing.

18. Explique comment optimiser une page de destination pour augmenter les conversions.

19. Analyse le rôle du marketing sensoriel dans l'expérience client.

20. Décris comment utiliser les données clients pour personnaliser le marketing.

21. Compare les stratégies de fidélisation client en ligne et en magasin.

22. Explique comment le marketing éthique influence la perception des consommateurs.

23. Analyse l'évolution des tendances du marketing vidéo.

24. Décris comment réussir une campagne de marketing viral.

25. Explique pourquoi l'email marketing reste un outil puissant en 2025.

2. Publicité et Acquisition de Clients (25 prompts)

26. Décris comment concevoir une publicité efficace sur Facebook.

27. Compare les avantages de la publicité native et de la publicité display.

28. Explique comment optimiser un budget publicitaire en ligne.

29. Analyse l'impact de la publicité programmatique sur le marketing digital.

30. Décris comment utiliser TikTok Ads pour atteindre une audience jeune.

31. Explique pourquoi la publicité sur YouTube est

essentielle pour certaines marques.

32. Compare le marketing d'influence et le PPC (pay-per-click).

33. Décris les erreurs courantes à éviter en publicité digitale.

34. Analyse l'impact de la publicité émotionnelle sur la fidélisation des clients.

35. Explique comment créer une annonce qui convertit.

36. Compare les performances des publicités vidéo et des publicités statiques.

37. Décris comment tester et optimiser des campagnes publicitaires.

38. Explique comment utiliser les lookalike audiences sur Facebook.

39. Analyse comment la publicité ciblée influence les comportements d'achat.

40. Décris comment utiliser les avis clients pour booster une publicité.

41. Explique pourquoi les formats courts dominent la publicité en ligne.

42. Analyse les tendances du retargeting en 2025.

43. Décris comment faire du A/B testing sur une campagne publicitaire.

44. Explique comment utiliser le marketing par parrainage pour attirer des clients.

45. Compare les résultats des campagnes publicitaires sur Facebook et LinkedIn.

46. Décris comment éviter la saturation publicitaire auprès des consommateurs.

47. Explique comment utiliser la publicité audio dans une stratégie marketing.

48. Analyse l'impact des AdBlockers sur la publicité en

ligne.

49. Décris comment la publicité mobile a évolué ces dernières années.

50. Explique comment les marques peuvent utiliser le placement de produit en publicité.

3. Marketing de Contenu et SEO (25 prompts)

51. Décris comment rédiger un article optimisé pour le SEO.

52. Analyse les tendances du SEO en 2025.

53. Explique pourquoi le marketing de contenu est crucial pour les entreprises.

54. Compare le blogging et le podcasting comme stratégies de contenu.

55. Décris comment choisir les bons mots-clés pour une stratégie SEO.

56. Explique comment structurer un article pour le référencement naturel.

57. Analyse l'impact des mises à jour de Google sur le SEO.

58. Décris comment créer une stratégie de backlinks efficace.

59. Explique comment optimiser les images pour le SEO.

60. Compare les avantages du contenu long-form et du contenu court.

61. Décris comment utiliser les vidéos pour améliorer son SEO.

62. Explique pourquoi les Core Web Vitals sont importants pour le référencement.

63. Analyse comment Google E-E-A-T influence le SEO.

64. Décris comment créer une stratégie de contenu evergreen.

65. Explique comment booster le trafic organique avec des articles optimisés.

66. Compare les plateformes de blogging les plus populaires.

67. Décris comment utiliser les réseaux sociaux pour améliorer le SEO.

68. Explique comment le SEO local influence le commerce de proximité.

69. Analyse comment ChatGPT et l'IA impactent le marketing de contenu.

70. Décris comment utiliser les infographies pour le marketing de contenu.

71. Explique comment créer un calendrier éditorial efficace.

72. Compare les stratégies SEO on-page et off-page.

73. Décris l'importance de l'analyse des concurrents en SEO.

74. Explique comment le contenu interactif améliore l'engagement utilisateur.

75. Analyse comment les podcasts influencent les stratégies de contenu modernes.

4. Commerce Électronique et Ventes (25 prompts)

76. Explique comment créer une boutique e-commerce rentable.

77. Analyse les tendances actuelles du e-commerce.

78. Décris les stratégies pour augmenter le taux de

conversion d'un site e-commerce.

79. Explique comment utiliser le dropshipping pour lancer une entreprise.

80. Compare Shopify, WooCommerce et Magento.

81. Décris comment optimiser une fiche produit pour maximiser les ventes.

82. Explique comment utiliser le marketing d'affiliation en e-commerce.

83. Analyse l'impact du mobile commerce sur les habitudes d'achat.

84. Décris comment gérer un service client performant en e-commerce.

85. Explique comment améliorer l'expérience utilisateur d'un site e-commerce.

86. Compare les stratégies de pricing dynamique et de pricing fixe.

87. Décris comment fidéliser les clients d'une boutique en ligne.

88. Explique comment réduire le taux d'abandon de panier.

89. Analyse les bénéfices d'un programme de fidélité en e-commerce.

90. Décris comment intégrer le live shopping dans une stratégie e-commerce.

91. Explique comment utiliser les chatbots pour améliorer les ventes.

92. Compare les places de marché (Amazon, eBay, Etsy) pour vendre ses produits.

93. Décris comment lancer un produit en e-commerce avec succès.

94. Explique comment utiliser la réalité augmentée pour améliorer les ventes en ligne.

95. Analyse les défis logistiques du commerce en ligne.

96. Décris comment utiliser les influenceurs pour booster un e-commerce.

97. Explique comment optimiser la vitesse de chargement d'un site e-commerce.

98. Compare le commerce en ligne et le commerce physique.

99. Décris comment intégrer l'IA dans un site e-commerce.

100. Explique comment gérer les retours clients pour améliorer la satisfaction.

5. Stratégies de Branding et Identité de Marque (25 prompts)

101. Décris comment créer une identité de marque forte et cohérente.

102. Analyse l'impact du branding sur la fidélisation des clients.

103. Explique comment le storytelling renforce l'image de marque.

104. Compare les stratégies de rebranding réussies et celles qui ont échoué.

105. Décris comment choisir un nom de marque efficace.

106. Explique comment les couleurs influencent la perception d'une marque.

107. Analyse pourquoi certaines marques deviennent iconiques.

108. Décris comment utiliser les ambassadeurs

de marque pour accroître la notoriété.

109. Explique comment une marque peut se différencier de la concurrence.

110. Analyse l'impact des avis clients sur l'image de marque.

111. Décris comment l'expérience client façonne l'identité d'une marque.

112. Explique pourquoi certaines marques utilisent le minimalisme dans leur design.

113. Compare les avantages et inconvénients du branding personnel vs d'entreprise.

114. Décris comment les marques utilisent les réseaux sociaux pour asseoir leur autorité.

115. Explique comment l'authenticité influence la perception d'une marque.

116. Analyse pourquoi certaines marques misent sur un message émotionnel.

117. Décris comment créer un slogan impactant et mémorable.

118. Explique comment mesurer l'efficacité d'une stratégie de branding.

119. Compare les stratégies de branding dans le luxe et dans la grande distribution.

120. Décris comment une marque peut rebondir après une crise de réputation.

121. Explique pourquoi certaines marques choisissent le branding écologique.

122. Analyse le rôle du packaging dans l'image d'une marque.

123. Décris comment utiliser les relations publiques pour renforcer une marque.

124. Explique pourquoi certaines marques

misent sur l'exclusivité pour attirer les clients.

125.   Analyse l'importance de la cohérence visuelle sur les différents supports marketing.

6. Réseaux Sociaux et Influence Marketing (25 prompts)

126.   Explique comment choisir la bonne plateforme sociale pour une entreprise.

127.   Analyse pourquoi TikTok est devenu un levier puissant pour les marques.

128.   Décris comment créer une stratégie sociale media efficace.

129.   Explique comment interagir avec sa communauté sur Instagram.

130.   Compare les avantages d'un compte professionnel et personnel sur LinkedIn.

131.   Décris comment booster l'engagement sur une page Facebook.

132.   Explique pourquoi les algorithmes des réseaux sociaux changent si souvent.

133.   Analyse comment les marques utilisent les mêmes pour toucher les jeunes générations.

134.   Décris comment les hashtags influencent la visibilité des publications.

135.   Explique comment utiliser les tendances virales à son avantage.

136.   Compare les différents types de publications performantes sur les réseaux sociaux.

137.   Décris comment mesurer le succès d'une campagne social media.

138.   Explique pourquoi les stories Instagram et Facebook sont devenues incontournables.

139.   Analyse comment les influenceurs peuvent booster la notoriété d'une marque.

140.   Décris comment choisir le bon influenceur pour une collaboration.

141.   Explique comment éviter les faux influenceurs dans une stratégie marketing.

142.   Compare les avantages du marketing organique et de la publicité payante sur les réseaux.

143.   Décris comment gérer une crise sur les réseaux sociaux.

144.   Explique pourquoi le contenu interactif (sondages, quiz) génère plus d'engagement.

145.   Analyse l'impact des lives sur l'interaction entre les marques et leur audience.

146.   Décris comment une petite entreprise peut tirer parti des réseaux sociaux.

147.   Explique comment utiliser le marketing UGC (User Generated Content).

148.   Compare les formats de vidéo courte (TikTok, Reels, YouTube Shorts).

149.   Décris pourquoi certaines marques choisissent de ne pas être présentes sur tous les réseaux.

150.   Explique comment optimiser une bio sur Instagram pour attirer des abonnés.

7. Email Marketing et Relation Client (25 prompts)

151.   Explique comment rédiger un objet d'email accrocheur.

152.   Analyse pourquoi l'email marketing reste efficace malgré l'essor des réseaux sociaux.

153.   Décris comment segmenter une liste email pour de meilleurs résultats.

154.   Explique comment créer une séquence d'emails automatisée performante.

155.   Compare les taux d'ouverture des emails selon les secteurs d'activité.

156.   Décris comment éviter que ses emails atterrissent dans les spams.

157.   Explique pourquoi le design d'un email influence le taux de conversion.

158.   Analyse l'impact des emails personnalisés sur l'engagement des clients.

159.   Décris comment mesurer la performance d'une campagne d'email marketing.

160.   Explique pourquoi les newsletters sont un outil puissant de fidélisation.

161.   Compare les plateformes d'email marketing les plus populaires.

162.   Décris comment récupérer des emails sans être intrusif.

163.   Explique comment les entreprises utilisent l'AB testing en email marketing.

164.   Analyse pourquoi certaines campagnes d'email marketing échouent.

165.   Décris comment écrire un email promotionnel convaincant.

166.   Explique pourquoi les emails de bienvenue sont essentiels en marketing digital.

167.   Compare les avantages du marketing SMS et du marketing email.

168.   Décris comment utiliser l'urgence et la rareté dans un email promotionnel.

169.   Explique pourquoi la fréquence d'envoi des emails impacte l'engagement.

170.   Analyse comment une entreprise peut automatiser la relation client par email.

171.   Décris comment récupérer un client perdu grâce à l'email marketing.

172.   Explique comment intégrer l'IA dans une stratégie d'email marketing.

173.   Compare les taux de clics des emails avec et sans images.

174.   Décris comment utiliser les témoignages clients dans un email marketing.

175.   Explique comment optimiser la signature d'un email professionnel.

8. Tendances et Innovations en Marketing (25 prompts)

176.   Analyse comment le Web3 va impacter le marketing digital.

177.   Décris l'importance de la data dans les stratégies marketing modernes.

178.   Explique pourquoi la personnalisation est devenue une norme en marketing.

179.   Compare le marketing basé sur l'IA et le marketing traditionnel.

180.   Décris comment les NFT sont utilisés par

les marques pour fidéliser leurs clients.

181.   Explique pourquoi le métavers devient une opportunité pour les marketeurs.

182.   Analyse l'impact des nouvelles réglementations sur le tracking publicitaire.

183.   Décris comment le marketing expérientiel améliore l'image de marque.

184.   Explique pourquoi les marques investissent de plus en plus dans le marketing audio.

185.   Compare l'impact du marketing d'influence sur différentes générations.

186.   Décris comment les podcasts sont devenus un outil marketing puissant.

187.   Explique comment les entreprises utilisent l'automatisation marketing en 2025.

188.   Analyse comment la 5G va transformer les stratégies publicitaires mobiles.

189.   Décris comment les assistants vocaux influencent le comportement des consommateurs.

190.   Explique pourquoi le marketing écologique est devenu un argument clé.

191.   Compare les stratégies marketing des grandes entreprises et des startups.

192.   Décris comment les algorithmes de recommandation influencent les achats en ligne.

193.   Explique pourquoi le marketing basé sur les émotions est plus efficace.

194.   Analyse l'impact des nouvelles plateformes sociales sur la publicité digitale.

195.   Décris comment les marques utilisent le gamification marketing.

196.   Explique comment l'économie de

l'attention influence les décisions marketing.

197.　　　　Compare les tendances du marketing digital en 2020 vs 2025.

198.　　　　Décris comment le neuromarketing influence les stratégies publicitaires.

199.　　　　Explique comment les entreprises peuvent utiliser les micro-influenceurs.

200.　　　　Analyse comment les réseaux sociaux évoluent vers une monétisation accrue.

CHAPITRE 7.L'INDUSTRIE ET DE L'AUTOMATISATION

Introduction : L'Intelligence Artificielle au Service de l'Industrie et de l'Automatisation

L'**intelligence artificielle (IA) révolutionne l'industrie et l'automatisation**, en permettant aux entreprises de **gagner en efficacité, en précision et en rentabilité**. Grâce aux avancées technologiques, les usines et les chaînes de production deviennent **plus intelligentes et autonomes**, réduisant ainsi les coûts, minimisant les erreurs et optimisant les processus.

L'IA joue un rôle clé dans la **maintenance prédictive, l'optimisation logistique, le contrôle qualité et la robotique industrielle**, transformant la façon dont les industries opèrent. Elle permet d'analyser des données en temps réel, d'anticiper les pannes avant qu'elles ne surviennent et d'**automatiser des tâches complexes avec une précision inégalée**.

Dans ce recueil de **prompts dédiés à l'industrie et à l'automatisation**, nous explorerons plusieurs applications clés de l'IA :

- **Maintenance prédictive des équipements** : Grâce à l'analyse des données en temps réel, l'IA peut détecter les signes de défaillance avant qu'une panne ne survienne, évitant ainsi les arrêts de production coûteux.

- **Optimisation de la chaîne logistique** : En analysant les flux de production et de distribution, l'IA améliore la gestion des stocks, réduit les délais de livraison et optimise les itinéraires.

- **Contrôle qualité automatisé** : Des systèmes basés sur la vision par ordinateur et l'apprentissage automatique permettent de détecter les défauts et d'assurer une qualité constante sur les chaînes de production.

- **Robotique industrielle** : L'IA alimente les robots collaboratifs ("cobots") qui travaillent aux côtés des humains, améliorant la productivité et réduisant les risques d'erreur.

- **Planification de production optimisée** : En analysant les tendances et la demande, l'IA aide à ajuster les rythmes de production pour éviter les surplus et les pénuries.

L'intelligence artificielle redéfinit **l'avenir de l'industrie**, en rendant les usines **plus intelligentes, plus flexibles et plus compétitives. Ce guide de prompts vous fournira les outils nécessaires pour exploiter tout le potentiel de l'IA dans l'industrie et l'automatisation, afin d'améliorer vos performances et d'optimiser vos processus de production.**

Voici 200 prompts dans le domaine de l'Industrie et l'Automatisation.

1. Industrie 4.0 et transformation numérique (25 prompts)

1. Explique comment l'Industrie 4.0 transforme les processus de fabrication.
2. Analyse l'impact de la digitalisation sur la compétitivité des entreprises industrielles.
3. Décris comment les objets connectés (IoT) optimisent la production industrielle.
4. Explique comment l'intelligence artificielle est utilisée dans l'Industrie 4.0.
5. Compare les différences entre l'Industrie 3.0 et l'Industrie 4.0.
6. Décris comment les données en temps réel améliorent la prise de décision industrielle.
7. Explique comment les jumeaux numériques sont utilisés pour la maintenance prédictive.
8. Analyse l'importance du cloud computing dans la modernisation industrielle.
9. Décris comment la blockchain peut sécuriser les chaînes d'approvisionnement industrielles.
10. Explique comment les systèmes MES (Manufacturing Execution System) améliorent la production.
11. Compare les avantages et inconvénients des usines intelligentes.
12. Décris comment l'automatisation réduit les erreurs humaines en production.
13. Explique comment les capteurs IoT aident à surveiller l'état des machines.
14. Analyse comment le big data est exploité pour

optimiser les chaînes de production.

15. Décris comment les robots collaboratifs (cobots) révolutionnent le travail industriel.

16. Explique comment l'impression 3D accélère la fabrication industrielle.

17. Compare l'efficacité des systèmes ERP dans la gestion industrielle.

18. Décris comment la 5G améliore la connectivité dans l'industrie.

19. Explique comment l'edge computing améliore la réactivité des machines.

20. Analyse comment la cybersécurité devient un enjeu majeur dans l'industrie 4.0.

21. Décris les défis de l'adoption des technologies avancées dans les PME industrielles.

22. Explique comment les plateformes IoT facilitent la gestion des ressources.

23. Compare les approches de transformation numérique en Europe et en Asie.

24. Décris comment l'intelligence artificielle permet d'optimiser la logistique industrielle.

25. Explique comment les smart grids améliorent l'efficacité énergétique des usines.

2. Automatisation et robotique industrielle (25 prompts)

26. Explique comment les robots industriels améliorent la productivité des usines.

27. Analyse comment les bras robotiques sont utilisés dans l'assemblage automobile.

28. Décris comment les robots mobiles autonomes (AMR) optimisent la logistique interne.

29. Explique comment les cobots aident les travailleurs humains en production.

30. Compare les avantages des robots fixes et mobiles en industrie.

31. Décris comment la vision artificielle permet aux robots de mieux détecter les défauts.

32. Explique comment les robots s'adaptent à des tâches de production complexes.

33. Analyse comment la maintenance prédictive évite les pannes des robots industriels.

34. Décris comment les robots réduisent le gaspillage de matières premières.

35. Explique comment l'IA améliore la programmation des robots industriels.

36. Compare les principaux fabricants de robots industriels (Fanuc, ABB, KUKA, etc.).

37. Décris comment les robots sont utilisés dans la production pharmaceutique.

38. Explique comment les systèmes SCADA permettent de superviser les robots industriels.

39. Analyse les défis d'intégration des robots dans les usines traditionnelles.

40. Décris comment les robots humanoïdes sont testés dans le secteur industriel.

41. Explique comment l'IA permet aux robots d'apprendre en temps réel.

42. Compare les différences entre la robotique rigide et la robotique souple.

43. Décris comment les capteurs de force aident les robots à mieux interagir avec l'environnement.

44. Explique comment l'apprentissage automatique améliore la précision des robots.

45. Analyse comment les robots réduisent la fatigue des travailleurs industriels.

46. Décris comment les robots aident à la production de semi-conducteurs.

47. Explique comment la robotique influence l'emploi dans le secteur industriel.

48. Compare les systèmes de contrôle utilisés pour piloter les robots industriels.

49. Décris comment l'automatisation des entrepôts améliore la gestion des stocks.

50. Explique comment les drones sont utilisés dans la surveillance des installations industrielles.

3. Maintenance industrielle et optimisation des processus (25 prompts)

51. Explique comment la maintenance prédictive améliore la disponibilité des machines.

52. Analyse comment les capteurs IoT détectent les anomalies dans les équipements industriels.

53. Décris comment les algorithmes d'IA prédisent les pannes des machines.

54. Explique comment la réalité augmentée aide les techniciens de maintenance.

55. Compare la maintenance corrective et la maintenance préventive en industrie.

56. Décris comment l'automatisation des tests de qualité réduit les défauts de fabrication.

57. Explique comment les systèmes de surveillance en

temps réel optimisent les usines.

58. Analyse comment l'optimisation des flux de production réduit les coûts de fabrication.

59. Décris comment les systèmes de gestion d'énergie industrielle réduisent la consommation.

60. Explique comment la gestion des déchets industriels est optimisée avec l'IA.

61. Compare les logiciels de gestion de maintenance assistée par ordinateur (GMAO).

62. Décris comment la maintenance prévisionnelle améliore l'efficacité énergétique.

63. Explique comment les usines intelligentes adaptent leur production en fonction de la demande.

64. Analyse comment l'IA peut améliorer la conception des processus industriels.

65. Décris comment les robots d'inspection évitent les risques pour les humains.

66. Explique comment les systèmes d'automatisation réduisent les erreurs humaines.

67. Compare les stratégies Lean et Six Sigma en optimisation industrielle.

68. Décris comment les logiciels de simulation industrielle aident à prévoir la production.

69. Explique comment l'intelligence artificielle optimise la gestion des chaînes d'approvisionnement.

70. Analyse comment l'analyse de données améliore la gestion des équipements industriels.

71. Décris comment les exosquelettes assistent les travailleurs en usine.

72. Explique comment les dispositifs IoT aident à la gestion des stocks industriels.

73. Compare les différentes méthodes de maintenance

prévisionnelle.

74. Décris comment les véhicules autonomes facilitent le transport interne des marchandises.

75. Explique comment la modélisation numérique aide à prévoir l'usure des équipements.

4. Énergies et développement durable dans l'industrie (25 prompts)

76. Explique comment l'Industrie 4.0 réduit l'empreinte carbone des usines.

77. Analyse comment l'énergie renouvelable est intégrée dans les sites industriels.

78. Décris comment l'optimisation des ressources permet une production plus verte.

79. Explique comment les smart grids améliorent l'efficacité énergétique industrielle.

80. Compare les solutions d'économie d'énergie dans les usines modernes.

81. Décris comment le recyclage des matériaux est optimisé avec l'IA.

82. Explique comment l'automatisation aide à réduire les déchets industriels.

83. Analyse comment les entreprises adoptent des pratiques de fabrication durable.

84. Décris comment la gestion intelligente des ressources optimise l'industrie.

85. Explique comment l'utilisation de capteurs permet de réduire la consommation d'eau.

86. Compare les défis environnementaux entre l'industrie lourde et l'industrie high-tech.

87. Décris comment les régulations environnementales influencent les pratiques industrielles.

88. Explique comment l'IA peut améliorer l'efficacité énergétique des machines.

89. Analyse comment les énergies alternatives sont adoptées par l'industrie.

90. Décris comment les usines zéro carbone sont conçues.

5. Sécurité et gestion des risques industriels (25 prompts)

91. Explique comment l'IA aide à détecter les anomalies dans les processus industriels.

92. Analyse comment la cybersécurité protège les systèmes industriels connectés.

93. Décris comment les protocoles de sécurité sont renforcés dans les usines 4.0.

94. Explique comment la réalité virtuelle est utilisée pour la formation à la sécurité industrielle.

95. Compare les avantages des capteurs de sécurité intelligents dans l'industrie.

96. Décris comment les systèmes SCADA sont protégés contre les cyberattaques.

97. Explique comment la gestion des risques industriels est optimisée avec l'IA.

98. Analyse comment l'automatisation améliore la sécurité des travailleurs en usine.

99. Décris comment les inspections par drones améliorent la surveillance des installations.

100. Explique comment les systèmes de gestion

des incidents réduisent les arrêts de production.

101.   Compare les normes ISO en matière de sécurité industrielle.

102.   Décris comment la formation en réalité augmentée améliore la préparation aux urgences.

103.   Explique comment la gestion des produits chimiques est sécurisée dans les usines.

104.   Analyse comment les entreprises industrielles minimisent les risques d'accidents.

105.   Décris comment la blockchain peut sécuriser les transactions industrielles.

106.   Explique comment les capteurs IoT améliorent la détection des fuites de gaz.

107.   Compare les protocoles de sécurité des robots industriels et des humains.

108.   Décris comment l'analyse des données permet d'anticiper les incidents industriels.

109.   Explique comment les équipements de protection connectés améliorent la sécurité.

110.   Analyse comment la robotique peut être utilisée pour les interventions en milieu dangereux.

111.   Décris comment les systèmes d'alerte précoce fonctionnent dans les sites industriels.

112.   Explique comment les simulations numériques aident à la prévention des catastrophes.

113.   Compare les technologies de détection d'incendie dans les sites industriels.

114.   Décris comment les audits de sécurité sont automatisés avec l'intelligence artificielle.

115.   Explique comment les assistants vocaux industriels améliorent la réactivité en cas d'urgence.

6. Logistique et gestion de la chaîne d'approvisionnement (25 prompts)

116.   Explique comment l'IA optimise la gestion des stocks industriels.

117.   Analyse comment la blockchain améliore la traçabilité des produits industriels.

118.   Décris comment les véhicules autonomes facilitent le transport des marchandises.

119.   Explique comment les capteurs IoT améliorent la gestion des entrepôts.

120.   Compare les avantages du stockage automatisé dans les usines modernes.

121.   Décris comment les systèmes ERP facilitent la gestion des fournisseurs industriels.

122.   Explique comment l'analyse de données améliore l'optimisation des routes logistiques.

123.   Analyse comment les robots autonomes réduisent les délais de livraison.

124.   Décris comment les entreprises utilisent la RFID pour suivre les matériaux industriels.

125.   Explique comment l'intelligence artificielle prédit les fluctuations de la demande.

126.   Compare les solutions de transport intelligent dans le secteur industriel.

127.   Décris comment la gestion des matières premières est optimisée avec le machine learning.

128.   Explique comment les drones sont utilisés pour surveiller les entrepôts industriels.

129.   Analyse comment les systèmes

d'information logistiques réduisent les erreurs humaines.

130. Décris comment les algorithmes d'optimisation améliorent l'approvisionnement industriel.

131. Explique comment les flux tendus sont gérés avec des technologies avancées.

132. Compare les stratégies de logistique verte pour réduire l'empreinte carbone.

133. Décris comment la maintenance prédictive réduit les interruptions logistiques.

134. Explique comment les véhicules électriques transforment la logistique industrielle.

135. Analyse comment l'IA est utilisée pour négocier les tarifs de transport.

136. Décris comment les assistants virtuels améliorent la gestion des commandes industrielles.

137. Explique comment les prévisions de ventes influencent les stratégies logistiques.

138. Compare les systèmes de gestion d'entrepôt traditionnels et automatisés.

139. Décris comment les solutions cloud améliorent la collaboration logistique.

140. Explique comment les plateformes e-supply chain optimisent les achats industriels.

7. Intelligence artificielle et innovation industrielle (25 prompts)

141. Explique comment le deep learning est utilisé dans la reconnaissance des défauts de

fabrication.

142.   Analyse comment l'IA permet d'optimiser la production industrielle en temps réel.

143.   Décris comment le traitement du langage naturel est appliqué à la maintenance industrielle.

144.   Explique comment l'apprentissage automatique améliore la gestion des ressources.

145.   Compare les algorithmes d'optimisation utilisés dans les usines intelligentes.

146.   Décris comment les assistants IA aident les ingénieurs industriels.

147.   Explique comment l'IA est utilisée pour personnaliser la production à la demande.

148.   Analyse comment l'intelligence artificielle améliore la gestion des pannes.

149.   Décris comment les technologies IA aident à automatiser les tâches administratives en usine.

150.   Explique comment les modèles prédictifs sont utilisés pour anticiper les besoins en énergie.

151.   Compare les différentes applications de la vision par ordinateur en industrie.

152.   Décris comment l'IA améliore la conception des produits industriels.

153.   Explique comment l'apprentissage par renforcement est utilisé pour optimiser la production.

154.   Analyse comment la reconnaissance vocale aide les opérateurs industriels.

155.   Décris comment l'IA permet d'améliorer la sécurité dans les usines chimiques.

156.   Explique comment les chatbots industriels facilitent la gestion des ressources

humaines.

157.   Compare les outils d'IA utilisés pour la gestion des machines en temps réel.

158.   Décris comment les systèmes experts assistent les ingénieurs industriels.

159.   Explique comment l'IA est utilisée pour automatiser les tests de contrôle qualité.

160.   Analyse comment les technologies d'IA transforment les procédés de fabrication avancés.

161.   Décris comment les entreprises utilisent l'IA pour surveiller les conditions de travail.

162.   Explique comment les algorithmes d'apprentissage supervisé améliorent la maintenance.

163.   Compare les modèles IA utilisés pour optimiser la consommation d'énergie en usine.

164.   Décris comment les assistants virtuels facilitent la supervision des sites industriels.

165.   Explique comment les réseaux neuronaux améliorent les simulations industrielles.

8. Futur de l'Industrie et nouvelles tendances (25 prompts)

166.   Explique comment les entreprises industrielles s'adaptent aux nouvelles technologies.

167.   Analyse comment la fabrication distribuée va transformer l'industrie.

168.   Décris comment l'Industrie 5.0 intégrera davantage l'humain dans la production.

169.   Explique comment les villes intelligentes

influenceront les industries du futur.

170.	Compare les stratégies de développement industriel durable à l'échelle mondiale.

171.	Décris comment la recherche sur les matériaux intelligents va impacter la fabrication.

172.	Explique comment la fusion entre biotechnologie et industrie va évoluer.

173.	Analyse comment les robots biologiques pourraient remplacer certaines machines.

174.	Décris comment l'impression 4D pourrait révolutionner la production industrielle.

175.	Explique comment la gestion intelligente des déchets pourrait transformer l'industrie.

176.	Compare les investissements en IA industrielle entre les grandes puissances économiques.

177.	Décris comment l'Industrie 5.0 pourrait créer des emplois plus spécialisés.

178.	Explique comment l'économie circulaire pourrait s'intégrer dans la fabrication.

179.	Analyse comment l'évolution des batteries pourrait impacter les industries lourdes.

180.	Décris comment les startups de la deep tech révolutionnent l'industrie.

181.	Explique comment la convergence entre le quantique et l'industrie pourrait fonctionner.

182.	Analyse comment la fusion nucléaire pourrait alimenter les usines du futur.

183.	Décris comment la robotique cognitive pourrait changer les usines.

184.	Explique comment les réseaux 6G impacteront l'industrie.

185.   Analyse comment les usines spatiales pourraient voir le jour.

186-200. [Ajoute toute tendance émergente selon tes besoins]

9. Technologies émergentes et innovations disruptives en industrie

186.   Explique comment les systèmes d'impression 3D évoluent vers des matériaux plus durables.

187.   Analyse comment l'informatique quantique pourrait accélérer l'optimisation industrielle.

188.   Décris comment la fusion de l'IA et de la robotique humanoïde pourrait améliorer les usines.

189.   Explique comment l'économie de l'hydrogène pourrait transformer l'industrie manufacturière.

190.   Compare les initiatives de développement durable dans l'industrie automobile et aéronautique.

191.   Décris comment les batteries solides pourraient impacter l'industrie de l'énergie.

192.   Explique comment les biotechnologies influencent la production industrielle de demain.

193.   Analyse comment la robotique collaborative pourrait rendre les usines plus flexibles.

194.   Décris comment la fabrication décentralisée pourrait réduire les coûts

de production.

195.	Explique comment la téléprésence et le métavers peuvent être utilisés dans les usines du futur.

196.	Compare les avantages des exosquelettes industriels pour les ouvriers et techniciens.

197.	Décris comment les nano-robots pourraient révolutionner la maintenance des machines.

198.	Explique comment l'IA générative pourrait concevoir des chaînes de production optimisées.

199.	Analyse comment l'exploitation minière automatisée pourrait évoluer dans les prochaines décennies.

200.	Décris comment les interfaces cerveau-machine pourraient améliorer le pilotage industriel.

CHAPITRE 8.TRANSPORT ET MOBILITÉ

Introduction : L'Intelligence Artificielle au Service du Transport et de la Mobilité

L'intelligence artificielle (IA) transforme en profondeur le secteur du **transport et de la mobilité**, en rendant les déplacements plus **efficaces, sûrs et durables**. Grâce aux avancées technologiques, l'IA permet d'améliorer la gestion du trafic, d'optimiser les itinéraires, d'anticiper les incidents et même de piloter des véhicules de manière autonome.

Les solutions basées sur l'IA révolutionnent aussi bien le transport **individuel** que **collectif**, ainsi que la logistique et les livraisons. Elles permettent une **gestion intelligente des infrastructures routières et ferroviaires**, tout en contribuant à réduire l'empreinte carbone grâce à une meilleure planification des trajets et des ressources.

Dans ce recueil de **prompts dédiés au transport et à la mobilité**, nous explorerons plusieurs applications majeures de l'IA :

- **Véhicules autonomes (Tesla, Waymo, etc.)** : L'IA joue un rôle central dans le développement des voitures sans conducteur, en leur permettant d'analyser leur environnement et de prendre des décisions en temps réel.

- **Optimisation du trafic et gestion des transports** : L'analyse des données de circulation aide à fluidifier le trafic, à réduire les embouteillages et à améliorer l'efficacité des transports en commun.

- **Systèmes de navigation intelligents** : Grâce à l'IA, les GPS et applications de mobilité proposent des itinéraires optimisés en fonction des conditions de circulation et des préférences des utilisateurs.
- **Analyse prédictive des incidents routiers** : En s'appuyant sur des données historiques et en temps réel, l'IA permet d'anticiper les accidents et d'alerter les conducteurs ou les autorités compétentes.
- **Automatisation de la logistique et des livraisons** : L'IA optimise la gestion des entrepôts, planifie les itinéraires des véhicules de livraison et améliore la rapidité des expéditions.

L'IA ouvre la voie à un **futur du transport plus intelligent, plus fluide et plus sécurisé. Ce guide de prompts vous aidera à exploiter pleinement le potentiel de l'IA dans la mobilité, afin d'innover et d'optimiser les solutions de transport de demain.**

Voici 200 prompts dans le domaine du Transport et de la Mobilité, couvrant divers aspects comme les innovations technologiques, l'impact environnemental, la logistique et les tendances futures.

1. Innovations et technologies dans le transport

1. Décris l'impact des véhicules autonomes sur la mobilité urbaine.
2. Explique comment l'intelligence artificielle améliore la gestion du trafic.
3. Analyse l'évolution des batteries pour véhicules électriques et leurs performances.
4. Comment les drones pourraient révolutionner le transport de marchandises ?
5. Présente les défis techniques du développement des hyperloops.
6. Décris l'impact de la 5G sur les transports connectés.
7. Comment les capteurs intelligents améliorent la sécurité des infrastructures de transport ?
8. Compare les avantages et inconvénients des voitures à hydrogène et électriques.
9. Explique comment les systèmes de transport intelligent (ITS) optimisent les trajets.
10. Décris comment les robots de livraison autonome changent la logistique urbaine.

2. Mobilité durable et écologie

11. Compare les politiques de réduction des émissions de CO_2 dans les transports.
12. Comment les villes peuvent-elles favoriser les mobilités douces comme le vélo et la marche ?

13. Explique comment les biocarburants peuvent réduire l'empreinte carbone du transport aérien.

14. Analyse le rôle des trains à hydrogène dans l'avenir du rail.

15. Quels sont les défis du recyclage des batteries de voitures électriques ?

16. Décris les innovations dans les carburants alternatifs pour les camions de fret.

17. Comment les smart cities intègrent-elles les solutions de transport durable ?

18. Présente les impacts environnementaux de la fabrication des véhicules électriques.

19. Quels sont les avantages des bus électriques et à hydrogène pour les transports en commun ?

20. Comment l'économie circulaire peut-elle s'appliquer aux infrastructures de transport ?

3. Logistique et transport de marchandises

21. Décris l'évolution du transport maritime vers des solutions plus écologiques.

22. Comment la blockchain optimise-t-elle la gestion des chaînes logistiques ?

23. Quels sont les enjeux de l'automatisation des ports maritimes ?

24. Analyse l'impact de l'e-commerce sur le transport de marchandises.

25. Comment les entrepôts intelligents transforment-ils la logistique ?

26. Présente les défis du transport frigorifique en matière

de consommation d'énergie.

27. Quels sont les avantages des trains de fret autonomes ?

28. Explique comment les big data optimisent les itinéraires logistiques.

29. Décris comment l'IA réduit les coûts dans la gestion du transport de marchandises.

30. Quels sont les défis du dernier kilomètre en logistique urbaine ?

4. Urbanisme et infrastructures de transport

31. Comment les infrastructures urbaines doivent-elles s'adapter aux véhicules électriques ?

32. Décris les nouvelles tendances dans la conception des gares et aéroports.

33. Comment les autoroutes intelligentes peuvent-elles améliorer la circulation ?

34. Quels sont les avantages des péages électroniques pour fluidifier le trafic ?

35. Explique comment les parkings intelligents réduisent la congestion urbaine.

36. Comment la construction durable peut-elle améliorer les infrastructures de transport ?

37. Décris les innovations dans la gestion des ponts et tunnels.

38. Comment les projets de métro automatisé optimisent-ils les transports en commun ?

39. Quels sont les défis liés à l'extension des réseaux de tramways en ville ?

40. Comment les nouvelles gares multimodales facilitent-elles la mobilité urbaine ?

5. Transports publics et mobilité partagée

41. Quels sont les avantages des véhicules partagés sur l'environnement urbain ?
42. Décris comment les abonnements multimodaux améliorent l'expérience des usagers.
43. Analyse les défis économiques des transports en commun gratuits.
44. Comment les applications mobiles révolutionnent-elles les déplacements urbains ?
45. Quels sont les défis de la maintenance des flottes de bus électriques ?
46. Décris les nouvelles tendances du covoiturage et de l'autopartage.
47. Comment l'intégration de l'IA optimise-t-elle les trajets des transports en commun ?
48. Explique les avantages des trains à grande vitesse pour la mobilité interurbaine.
49. Quels sont les impacts du développement des taxis autonomes ?
50. Analyse les modèles économiques des trottinettes et vélos en libre-service.

6. Transport aérien et spatial

51. Comment les avions électriques et hybrides vont-ils transformer l'aviation ?
52. Quels sont les défis du développement de l'aviation à

hydrogène ?

53. Décris l'impact du tourisme spatial sur l'environnement.

54. Comment l'IA aide-t-elle à optimiser le contrôle aérien ?

55. Présente les innovations dans la réduction du bruit des avions.

56. Quels sont les avantages des nouvelles générations de supersoniques ?

57. Comment les biocarburants réduisent-ils l'empreinte carbone du transport aérien ?

58. Analyse l'avenir des taxis volants et des eVTOLs.

59. Comment les drones révolutionnent-ils le transport aérien de colis ?

60. Quels sont les impacts économiques des nouvelles compagnies aériennes low-cost ?

7. Sécurité et régulation des transports

61. Comment les nouvelles normes de cybersécurité affectent-elles les véhicules connectés ?

62. Quels sont les défis de la régulation des véhicules autonomes ?

63. Comment la vidéo-surveillance intelligente améliore-t-elle la sécurité dans les transports publics ?

64. Explique comment l'IA réduit les accidents de la route.

65. Quels sont les impacts des radars et systèmes de limitation automatique de vitesse ?

66. Comment les drones sont-ils utilisés pour surveiller le trafic routier ?

67. Analyse les risques des cyberattaques sur les systèmes de transport connectés.

68. Quels sont les avantages des simulateurs pour la formation des pilotes et conducteurs ?

69. Comment la signalisation intelligente réduit-elle les embouteillages ?

70. Quels sont les impacts des nouvelles réglementations sur les transports maritimes ?

8. Futur du transport et tendances émergentes

71. Comment l'Hyper Loop pourrait-il transformer les trajets longue distance ?

72. Décris les défis du transport sous-marin pour les passagers.

73. Quels sont les enjeux du développement des routes solaires ?

74. Comment les ascenseurs spatiaux pourraient-ils révolutionner l'exploration spatiale ?

75. Quels sont les impacts des taxis autonomes volants sur la mobilité urbaine ?

76. Décris l'avenir des véhicules amphibies dans les grandes métropoles.

77. Comment la fusion nucléaire pourrait-elle alimenter les transports du futur ?

78. Quels sont les défis du développement de voitures entièrement autonomes ?

79. Analyse les perspectives des trains supersoniques magnétiques.

80. Comment l'IA pourrait-elle créer des solutions de

transport entièrement autonomes et intelligentes ?

9. Impact économique et social des transports

81. Comment le transport influence-t-il le développement économique des régions ?
82. Quels sont les coûts cachés du transport urbain pour les municipalités ?
83. Analyse l'impact des infrastructures de transport sur l'emploi local.
84. Quels sont les effets des grèves de transport sur l'économie d'un pays ?
85. Comment les nouvelles technologies de transport modifient-elles le marché du travail ?
86. Quels sont les enjeux économiques de la privatisation des réseaux de transport ?
87. Comment les transports influencent-ils le prix de l'immobilier en milieu urbain ?
88. Décris les impacts des subventions gouvernementales sur le transport public.
89. Comment le développement des transports en commun affecte-t-il la productivité des travailleurs ?
90. Quels sont les défis économiques des grandes infrastructures comme les lignes de TGV ?

10. Tourisme et transport

91. Quels sont les effets du tourisme sur les infrastructures de transport ?

92. Comment le transport aérien a-t-il influencé l'essor du tourisme international ?

93. Décris les tendances des croisières en matière de transport maritime.

94. Quels sont les défis des transports touristiques dans les grandes métropoles ?

95. Comment le transport de luxe (jets privés, yachts) évolue-t-il ?

96. Analyse l'impact des low-cost sur le tourisme de masse.

97. Comment les services de mobilité influencent-ils l'expérience des voyageurs ?

98. Quels sont les effets des restrictions de transport sur l'industrie du tourisme ?

99. Décris les innovations dans le transport touristique écologique.

100. Comment la pandémie a-t-elle transformé le transport dans le secteur du tourisme ?

11. Transport maritime et fluvial

101. Comment la modernisation des ports améliore-t-elle la logistique maritime ?

102. Quels sont les défis de la transition écologique pour les navires de transport ?

103. Décris l'impact des cargos autonomes sur l'industrie maritime.

104. Comment la gestion des océans influence-t-elle le transport maritime ?

105. Quels sont les avantages des nouveaux carburants pour les navires ?

106.   Comment les fleuves et canaux sont-ils utilisés pour le transport de marchandises ?

107.   Décris les évolutions de la réglementation dans le transport maritime.

108.   Quels sont les risques des tempêtes et catastrophes naturelles sur le transport en mer ?

109.   Comment l'IA et les capteurs intelligents améliorent-ils la navigation maritime ?

110.   Analyse les défis logistiques du transport maritime en Arctique.

12. Accessibilité et inclusion dans le transport

111.   Comment rendre les transports publics plus accessibles aux personnes handicapées ?

112.   Quels sont les défis de la mobilité pour les seniors en milieu urbain ?

113.   Décris les innovations facilitant l'accessibilité dans les gares et aéroports.

114.   Comment le digital aide-t-il les personnes en situation de handicap à mieux se déplacer ?

115.   Quels sont les impacts de la gratuité des transports pour les personnes à faible revenu ?

116.   Comment adapter les transports aux besoins des enfants et familles ?

117.   Quels sont les défis de la mobilité inclusive en zones rurales ?

118.   Comment les villes intelligentes intègrent-elles des solutions d'accessibilité ?

119.   Quels sont les bénéfices des transports

adaptés aux personnes en fauteuil roulant ?

120.   Comment l'urbanisme peut-il favoriser la mobilité inclusive ?

13. Sécurité et gestion des risques

121.   Comment la reconnaissance faciale améliore-t-elle la sécurité des transports ?

122.   Quels sont les risques liés aux véhicules connectés et autonomes ?

123.   Comment la cybersécurité est-elle appliquée dans le domaine des transports ?

124.   Quels sont les défis de la gestion des catastrophes naturelles sur les infrastructures de transport ?

125.   Comment les simulations aident-elles à améliorer la sécurité des transports ?

126.   Décris les innovations en matière de prévention des accidents ferroviaires.

127.   Comment les compagnies aériennes gèrent-elles les crises et urgences ?

128.   Quels sont les effets des radars et contrôles de vitesse sur la sécurité routière ?

129.   Comment les infrastructures de transport peuvent-elles être protégées contre le terrorisme ?

130.   Quels sont les impacts de l'alcool et des drogues sur la sécurité routière ?

14. Mobilité rurale et infrastructures isolées

131. Quels sont les défis du transport en zone rurale ?

132. Comment les drones peuvent-ils faciliter le transport en milieu isolé ?

133. Quels sont les impacts des routes non entretenues sur les communautés rurales ?

134. Décris l'importance des petites gares et lignes ferroviaires secondaires.

135. Comment les transports collectifs peuvent-ils être améliorés en zone rurale ?

136. Quels sont les avantages des véhicules électriques pour les villages isolés ?

137. Comment les gouvernements peuvent-ils mieux financer les infrastructures rurales ?

138. Quels sont les défis de la logistique pour livrer des biens en campagne ?

139. Décris les solutions innovantes pour le transport en régions reculées.

140. Comment le télétravail influence-t-il la mobilité rurale ?

15. Véhicules du futur et nouvelles mobilités

141. Comment les voitures volantes pourraient-elles transformer nos déplacements ?

142. Quels sont les impacts de la transition vers les véhicules 100 % autonomes ?

143. Décris les tendances en matière de motos électriques et écologiques.

144. Comment la robotique est-elle utilisée

dans le développement des nouveaux véhicules ?

145.   Quels sont les défis de la recharge sans fil des véhicules électriques ?

146.   Comment les pneus intelligents améliorent-ils la sécurité des transports ?

147.   Quels sont les nouveaux designs de véhicules pour optimiser la consommation d'énergie ?

148.   Décris l'utilisation des nanotechnologies dans les transports.

149.   Comment la personnalisation des véhicules grâce à l'IA change-t-elle l'industrie ?

150.   Quels sont les impacts des exosquelettes sur la mobilité des personnes à mobilité réduite ?

16. Transport ferroviaire et innovations

151.   Comment les trains autonomes peuvent-ils révolutionner le transport ferroviaire ?

152.   Quels sont les avantages des nouveaux matériaux utilisés dans les rails et wagons ?

153.   Comment la grande vitesse influence-t-elle le transport interurbain ?

154.   Quels sont les défis de la modernisation des vieux réseaux ferroviaires ?

155.   Comment les trains solaires et hybrides réduisent-ils l'empreinte carbone ?

156.   Quels sont les impacts du développement du train à sustentation magnétique ?

157.   Comment les gares intelligentes améliorent-elles l'expérience des passagers ?

158.   Quels sont les impacts des grèves

ferroviaires sur l'économie locale ?

159.   Comment les trains hybrides combinent-ils hydrogène et électricité ?

160.   Quels sont les nouveaux modèles économiques des compagnies ferroviaires ?

17. Transport spatial et avenir de la mobilité interplanétaire

161.   Comment le tourisme spatial va-t-il évoluer dans les 50 prochaines années ?

162.   Quels sont les défis du transport de marchandises dans l'espace ?

163.   Comment les bases lunaires influenceront-elles les futurs systèmes de transport ?

164.   Décris les défis de la colonisation de Mars en matière de transport.

165.   Quels sont les avantages des navettes spatiales réutilisables ?

166.   Comment les fusées à propulsion nucléaire pourraient-elles révolutionner l'exploration spatiale ?

167.   Quels sont les impacts du développement de la station spatiale commerciale ?

168.   Comment les robots et IA seront-ils utilisés pour la logistique spatiale ?

169.   Quels sont les défis du transport d'eau et d'oxygène dans l'espace ?

170.   Comment la gravité artificielle pourrait-elle améliorer le transport spatial ?

18. Transport et intelligence artificielle

171.   Comment l'intelligence artificielle optimise-t-elle la gestion du trafic routier ?

172.   Quels sont les avantages des assistants de conduite basés sur l'IA ?

173.   Comment les algorithmes de machine learning améliorent-ils les prévisions de transport ?

174.   Décris les impacts de l'IA sur l'optimisation des transports publics.

175.   Comment la vision par ordinateur aide-t-elle à la détection des dangers sur la route ?

19. Enjeux politiques et législatifs du transport

176.   Quels sont les principaux défis législatifs des véhicules autonomes ?

177.   Comment les gouvernements régulent-ils l'essor des trottinettes et vélos en libre-service ?

178.   Décris les implications des taxes carbone sur les entreprises de transport.

179.   Comment les politiques de mobilité durable sont-elles mises en place à l'échelle mondiale ?

180.   Quels sont les enjeux de la privatisation des infrastructures de transport public ?

20. Transport et big data

181. Comment le big data aide-t-il à prédire les flux de passagers dans les transports ?

182. Quels sont les avantages des capteurs intelligents pour améliorer l'efficacité des transports ?

183. Comment les villes utilisent-elles les données pour améliorer la circulation ?

184. Décris l'utilisation des cartes de chaleur pour optimiser les itinéraires de transport public.

185. Comment les données en temps réel améliorent-elles la gestion des aéroports et gares ?

21. Transport et blockchain

186. Comment la blockchain peut-elle sécuriser les transactions liées au transport ?

187. Quels sont les avantages de la blockchain pour la gestion de la chaîne logistique ?

188. Comment les contrats intelligents peuvent-ils faciliter la gestion du transport de marchandises ?

189. Décris l'application de la blockchain dans le suivi des véhicules autonomes.

190. Quels sont les impacts potentiels des cryptomonnaie sur l'industrie du transport ?

22. Psychologie et sociologie du transport

191. Comment le choix des modes de transport influence-t-il le bien-être des individus ?

192. Quels sont les effets psychologiques des

longs trajets sur les travailleurs ?

193.   Comment la culture influence-t-elle l'adoption de nouveaux modes de transport ?

194.   Décris les comportements des usagers face aux retards et interruptions de service.

195.   Comment les réseaux de transport influencent-ils les interactions sociales en ville ?

23. Transport et catastrophes naturelles

196.   Comment les infrastructures de transport peuvent-elles être adaptées aux catastrophes naturelles ?

197.   Quels sont les défis du transport en période de crise humanitaire ?

198.   Comment les aéroports et gares se préparent-ils aux catastrophes naturelles ?

199.   Décris les innovations en matière de transport d'urgence en cas de catastrophe.

200.   Quels sont les impacts des événements climatiques extrêmes sur la logistique mondiale ?

CHAPITRE 9.L'AGRICULTURE ET L'ENVIRONNEMENT

Introduction : L'Intelligence Artificielle au Service de l'Agriculture et de l'Environnement

Face aux défis du **changement climatique, de la sécurité alimentaire et de la gestion durable des ressources**, l'intelligence artificielle (IA) se révèle être un atout majeur pour l'**agriculture et la protection de l'environnement**. Grâce aux avancées technologiques, il est désormais possible d'**optimiser les pratiques agricoles, d'améliorer la gestion des ressources naturelles et de minimiser l'impact environnemental des activités humaines**.

L'IA permet aux agriculteurs et aux experts en environnement d'analyser des **données complexes en temps réel**, d'anticiper les variations climatiques et de prendre des décisions plus éclairées. Elle contribue ainsi à une agriculture plus **précise, productive et durable**, tout en aidant à préserver **les écosystèmes et la biodiversité**.

Dans ce recueil de **prompts dédiés à l'agriculture et à l'environnement**, nous explorerons plusieurs applications majeures de l'IA :

- **Surveillance des cultures et détection des maladies** : Grâce à l'analyse d'images satellites et de drones, l'IA permet d'identifier rapidement les signes de maladies ou de stress hydrique dans les cultures.

- **Optimisation de l'irrigation et des ressources**

naturelles : L'IA aide à gérer efficacement l'eau en adaptant l'irrigation aux besoins réels des plantes, réduisant ainsi le gaspillage.

- **Prédiction des conditions météorologiques** : L'apprentissage automatique analyse des modèles climatiques pour anticiper les phénomènes extrêmes et aider les agriculteurs à mieux planifier leurs activités.

- **Analyse des sols et optimisation des rendements** : En évaluant la qualité des sols et en recommandant des stratégies adaptées, l'IA améliore la productivité tout en préservant les terres agricoles.

- **Gestion des déchets et tri automatisé** : L'IA facilite le tri et le recyclage des déchets en automatisant leur reconnaissance et leur classification, contribuant ainsi à une meilleure gestion des ressources.

Grâce à l'IA, nous avons aujourd'hui l'opportunité de **réinventer l'agriculture et la protection de l'environnement**, en adoptant des **solutions plus intelligentes et durables. Ce guide de prompts vous aidera à explorer et à exploiter ces technologies pour façonner un avenir plus vert et plus efficace.**

Voici 200 prompts dans le domaine de l'Agriculture et de l'Environnement, organisés par thématique.

1. Agriculture et technologie ·

1. Comment l'intelligence artificielle transforme-t-elle l'agriculture moderne ?
2. Quels sont les avantages des drones agricoles pour la surveillance des cultures ?
3. Comment l'IoT (Internet des Objets) aide-t-il à optimiser la production agricole ?
4. Quels sont les impacts de la robotisation sur le travail des agriculteurs ?
5. Comment les capteurs intelligents améliorent-ils la gestion de l'irrigation ?
6. En quoi les biotechnologies peuvent-elles révolutionner l'agriculture ?
7. Comment les logiciels de gestion agricole améliorent-ils les rendements ?
8. Quels sont les enjeux éthiques liés à l'utilisation des OGM ?
9. Comment la blockchain peut-elle améliorer la traçabilité des produits agricoles ?
10. En quoi l'impression 3D pourrait-elle être utilisée dans l'agriculture ?

2. Agriculture durable et permaculture

11. Quels sont les principes fondamentaux de la permaculture ?
12. Comment les cultures associées peuvent-elles améliorer la productivité agricole ?
13. Quels sont les avantages du compostage pour les

exploitations agricoles ?

14. Comment l'agriculture biologique diffère-t-elle de l'agriculture conventionnelle ?

15. Quels sont les défis du développement de l'agriculture urbaine ?

16. Comment réduire l'utilisation des pesticides en agriculture ?

17. Quels sont les bénéfices de l'agroforesterie pour la biodiversité ?

18. Comment les engrais naturels peuvent-ils remplacer les engrais chimiques ?

19. Quels sont les avantages et inconvénients de la culture hydroponique ?

20. Comment les micro-fermes peuvent-elles contribuer à la sécurité alimentaire ?

3. Climat et impact environnemental

21. Quels sont les impacts du changement climatique sur l'agriculture ?

22. Comment l'agriculture peut-elle réduire son empreinte carbone ?

23. En quoi les pratiques agricoles régénératives peuvent-elles restaurer les sols ?

24. Comment lutter contre la désertification des terres agricoles ?

25. Quels sont les effets de l'agriculture intensive sur les écosystèmes ?

26. Comment les forêts peuvent-elles contribuer à la lutte contre le réchauffement climatique ?

27. Quels sont les défis de la reforestation et du reboisement ?

28. En quoi la pollution plastique menace-t-elle les terres agricoles ?

29. Comment les solutions basées sur la nature peuvent-elles aider à l'adaptation climatique ?

30. Quels sont les effets de l'érosion des sols sur la productivité agricole ?

4. Eau et gestion des ressources

31. Comment optimiser la gestion de l'eau dans les exploitations agricoles ?

32. Quels sont les impacts de l'irrigation excessive sur l'environnement ?

33. Comment la collecte des eaux de pluie peut-elle être intégrée à l'agriculture ?

34. Quels sont les enjeux de la pollution des nappes phréatiques par l'agriculture ?

35. En quoi le dessalement de l'eau de mer peut-il être une solution pour l'irrigation ?

36. Comment les technologies modernes permettent-elles de limiter le gaspillage d'eau ?

37. Quels sont les avantages des systèmes d'irrigation goutte-à-goutte ?

38. Comment les zones humides peuvent-elles être protégées des activités agricoles ?

39. Quels sont les impacts du changement climatique sur les ressources en eau ?

40. Comment sensibiliser les agriculteurs à l'économie d'eau ?

5. Biodiversité et écosystèmes agricoles

41. Pourquoi la biodiversité est-elle essentielle à l'agriculture ?
42. Comment les pollinisateurs influencent-ils la production agricole ?
43. Quels sont les dangers du déclin des abeilles sur la production alimentaire ?
44. Comment favoriser la biodiversité dans les exploitations agricoles ?
45. Quels sont les effets de la monoculture sur la santé des sols ?
46. Comment préserver les espèces végétales menacées par l'agriculture intensive ?
47. En quoi les haies et les prairies peuvent-elles être bénéfiques pour la biodiversité ?
48. Quels sont les rôles des vers de terre dans l'agriculture ?
49. Comment lutter contre les espèces invasives dans les cultures agricoles ?
50. Comment la rotation des cultures contribue-t-elle à la préservation des sols ?

6. Innovation et futur de l'agriculture

51. Quels sont les défis de la production alimentaire pour une population mondiale croissante ?
52. Comment l'intelligence artificielle pourrait-elle prédire les rendements agricoles ?
53. En quoi la biologie synthétique pourrait-elle transformer l'agriculture ?
54. Quels sont les avantages et limites des fermes verticales ?

55. Comment la production de viande cultivée en laboratoire peut-elle impacter l'environnement ?

56. Quels sont les enjeux de l'édition génétique dans les cultures agricoles ?

57. Comment les satellites aident-ils à surveiller les rendements agricoles ?

58. En quoi les champignons peuvent-ils jouer un rôle dans l'agriculture durable ?

59. Comment la nanotechnologie pourrait-elle être appliquée à l'agriculture ?

60. Quels sont les impacts de l'intelligence artificielle sur la gestion des exploitations agricoles ?

7. Alimentation et consommation responsable

61. Comment favoriser la consommation de produits locaux et de saison ?

62. Quels sont les impacts environnementaux de l'élevage industriel ?

63. Comment encourager la réduction du gaspillage alimentaire ?

64. Quels sont les avantages d'un régime alimentaire à faible impact environnemental ?

65. En quoi les labels biologiques garantissent-ils une meilleure durabilité ?

66. Comment sensibiliser les consommateurs à l'impact de leur alimentation ?

67. Quels sont les effets de l'agriculture intensive sur la qualité nutritionnelle des aliments ?

68. Comment les circuits courts contribuent-ils à la

transition écologique ?

69. Quels sont les défis de l'agriculture face à l'augmentation de la demande en protéines végétales ?

70. Comment la transparence dans la chaîne d'approvisionnement alimentaire peut-elle être améliorée ?

8. Gestion des déchets agricoles et recyclage

71. Comment gérer durablement les déchets issus de l'agriculture ?

72. Quels sont les impacts des engrais chimiques sur l'environnement ?

73. En quoi la méthanisation peut-elle être une solution aux déchets agricoles ?

74. Comment valoriser les résidus de cultures et sous-produits agricoles ?

75. Quels sont les effets des microplastiques sur les sols agricoles ?

76. Comment encourager le recyclage des plastiques agricoles ?

77. Quels sont les dangers des pesticides pour les sols et la biodiversité ?

78. Comment les agriculteurs peuvent-ils réduire leur production de déchets ?

79. En quoi l'économie circulaire peut-elle être appliquée à l'agriculture ?

80. Quels sont les avantages du compostage à grande échelle pour l'agriculture ?

9. Énergies renouvelables et agriculture

91. Comment l'énergie solaire peut-elle être utilisée dans l'agriculture ?

92. Quels sont les avantages des serres chauffées grâce aux énergies renouvelables ?

93. En quoi les biocarburants peuvent-ils être une solution pour l'agriculture durable ?

94. Comment intégrer l'éolien dans les exploitations agricoles ?

95. Quels sont les avantages de l'agrophotovoltaïsme ?

96. Comment les exploitations agricoles peuvent-elles réduire leur dépendance aux énergies fossiles ?

97. Quels sont les enjeux du stockage de l'énergie pour les fermes autonomes ?

98. Comment l'énergie géothermique peut-elle être utilisée en agriculture ?

99. Quels sont les défis de l'électrification des machines agricoles ?

100. Comment la méthanisation agricole contribue-t-elle à la transition énergétique ?

10. Agriculture et intelligence artificielle

101. Quels sont les avantages des capteurs intelligents pour surveiller la santé des cultures ?

102. Comment les algorithmes d'IA peuvent-ils prédire les maladies des plantes ?

103. En quoi l'IA aide-t-elle à la sélection des meilleures variétés de cultures ?

104.   Comment les robots agricoles changent-ils le travail des agriculteurs ?

105.   Quels sont les avantages des modèles de prédiction météorologique pour l'agriculture ?

106.   Comment l'IA peut-elle aider à optimiser la logistique agricole ?

107.   Quels sont les bénéfices des systèmes de reconnaissance d'image pour identifier les nuisibles ?

108.   En quoi le machine learning peut-il améliorer les rendements agricoles ?

109.   Comment les données satellites sont-elles utilisées pour surveiller les exploitations agricoles ?

110.   Quels sont les défis de la collecte et de l'analyse des données agricoles ?

11. Politiques   et   réglementations agricoles

111.   Quels sont les impacts des politiques agricoles sur l'environnement ?

112.   Comment les subventions agricoles influencent-elles la production alimentaire ?

113.   Quels sont les enjeux du commerce international pour les agriculteurs locaux ?

114.   Comment les réglementations environnementales affectent-elles l'agriculture ?

115.   En quoi les normes sur l'agriculture biologique sont-elles importantes ?

116.   Quels sont les défis de la transition écologique pour les agriculteurs ?

117. Comment les gouvernements peuvent-ils encourager l'agriculture durable ?

118. Quels sont les effets des accords de libre-échange sur l'agriculture ?

119. En quoi les lois sur l'usage des pesticides influencent-elles la production agricole ?

120. Comment la PAC (Politique Agricole Commune) évolue-t-elle face aux défis climatiques ?

12. Innovations agricoles pour l'avenir

121. Quels sont les impacts des nouvelles variétés de semences résistantes à la sécheresse ?

122. Comment la robotique agricole peut-elle améliorer la productivité des fermes ?

123. En quoi les biopesticides sont-ils une alternative aux pesticides chimiques ?

124. Quels sont les défis du développement des cultures en milieu aride ?

125. Comment la génétique végétale pourrait-elle révolutionner l'agriculture ?

126. Quels sont les avantages et limites des engrais organiques de nouvelle génération ?

127. Comment les nanosatellites aident-ils à surveiller la croissance des cultures ?

128. Quels sont les impacts des nouvelles pratiques de conservation des sols ?

129. Comment les drones autonomes améliorent-ils la gestion des grandes exploitations ?

130. Quels sont les rôles des start-ups agricoles dans l'innovation agroécologique ?

13. Impact social de l'agriculture

131.	Comment l'agriculture peut-elle aider à réduire la pauvreté dans le monde ?

132.	Quels sont les défis du travail agricole dans les pays en développement ?

133.	Comment les coopératives agricoles peuvent-elles améliorer les conditions des agriculteurs ?

134.	Quels sont les impacts du travail des enfants dans l'agriculture ?

135.	En quoi les programmes de micro-financement aident-ils les agriculteurs à se développer ?

136.	Comment assurer une rémunération équitable aux petits producteurs agricoles ?

137.	Quels sont les enjeux de la féminisation du secteur agricole ?

138.	Comment favoriser l'accès des jeunes aux métiers agricoles ?

139.	Quels sont les défis de la transmission des exploitations agricoles aux nouvelles générations ?

140.	Comment sensibiliser la population aux réalités du monde agricole ?

14. Agriculture urbaine et circuits courts

141.	Comment les potagers urbains contribuent-ils à la sécurité alimentaire ?

142.	Quels sont les avantages des fermes

verticales en milieu urbain ?

143.   En quoi les jardins partagés peuvent-ils dynamiser les quartiers ?

144.   Quels sont les bénéfices des AMAP (Associations pour le Maintien d'une Agriculture Paysanne) ?

145.   Comment encourager les restaurants à s'approvisionner localement ?

146.   Quels sont les défis de la logistique des circuits courts alimentaires ?

147.   Comment les supermarchés peuvent-ils soutenir les producteurs locaux ?

148.   Quels sont les impacts économiques des marchés de producteurs sur les villes ?

149.   En quoi les plateformes de vente en ligne aident-elles les agriculteurs locaux ?

150.   Comment les consommateurs peuvent-ils mieux identifier les produits locaux ?

15. Sécurité alimentaire et accès à la nutrition

151.   Comment garantir l'accès à une alimentation de qualité pour tous ?

152.   Quels sont les impacts du gaspillage alimentaire sur la sécurité alimentaire mondiale ?

153.   Comment les banques alimentaires s'adaptent-elles aux nouveaux défis agricoles ?

154.   En quoi les pratiques agricoles durables influencent-elles la qualité des aliments ?

155.   Quels sont les rôles des ONG dans la lutte contre la malnutrition ?

156.   Comment améliorer la distribution des denrées alimentaires en cas de crise ?

157.   Quels sont les effets du changement climatique sur la disponibilité des aliments ?

158.   En quoi l'éducation nutritionnelle peut-elle influencer les habitudes alimentaires ?

159.   Comment limiter les pertes agricoles pour garantir une meilleure sécurité alimentaire ?

160.   Quels sont les enjeux de la production de protéines alternatives (insectes, algues, etc.) ?

16. Gestion des sols et reforestation

161.   Comment restaurer les sols dégradés par l'agriculture intensive ?

162.   Quels sont les bénéfices du paillage pour la préservation des sols ?

163.   En quoi les techniques de conservation des sols aident-elles à lutter contre l'érosion ?

164.   Comment les forêts peuvent-elles être intégrées aux exploitations agricoles ?

165.   Quels sont les effets de la déforestation sur la biodiversité agricole ?

166.   Comment reboiser les terres agricoles tout en maintenant leur productivité ?

167.   Quels sont les avantages des engrais verts pour la fertilité des sols ?

168.   Comment réduire la compaction des sols due au passage des machines agricoles ?

169.   En quoi l'agriculture de conservation permet-elle de préserver les terres agricoles ?

170.   Quels sont les rôles des microorganismes du sol dans la fertilité des terres agricoles ?

17.   Biodiversité   et   protection   de l'environnement

171.   Comment favoriser la biodiversité dans les exploitations agricoles ?

172.   Quels sont les effets des monocultures sur l'équilibre écologique ?

173.   En quoi les haies et bandes fleuries contribuent-elles à la préservation de la faune ?

174.   Quels sont les impacts des pesticides sur les pollinisateurs comme les abeilles ?

175.   Comment les agriculteurs peuvent-ils lutter contre l'appauvrissement des sols ?

176.   Quels sont les bénéfices des pratiques agroécologiques sur la biodiversité ?

177.   En quoi la diversification des cultures peut-elle améliorer la résilience des exploitations ?

178.   Comment protéger les espèces en voie de disparition dans les zones agricoles ?

179.   Quels sont les rôles des zones humides dans la régulation des écosystèmes agricoles ?

180.   Comment les agriculteurs peuvent-ils participer à la reforestation ?

18. Gestion des ressources en eau

181. Comment réduire la consommation d'eau dans l'agriculture ?

182. Quels sont les avantages de l'irrigation goutte-à-goutte ?

183. En quoi les retenues d'eau artificielles peuvent-elles être une solution durable ?

184. Comment éviter la pollution des nappes phréatiques par les engrais et pesticides ?

185. Quels sont les impacts du changement climatique sur la disponibilité de l'eau pour l'agriculture ?

186. Comment recycler les eaux usées pour l'irrigation agricole ?

187. En quoi la culture en hydroponie est-elle une alternative durable ?

188. Quels sont les avantages et limites de la désalinisation pour l'agriculture ?

189. Comment améliorer la gestion des bassins versants pour un meilleur partage de l'eau ?

190. En quoi l'adoption de cultures résistantes à la sécheresse est-elle essentielle ?

19. Innovations et avenir de l'agriculture

191. Comment l'agriculture verticale pourrait-elle répondre aux besoins alimentaires mondiaux ?

192. Quels sont les rôles de la blockchain dans la traçabilité des produits agricoles ?

193. En quoi l'édition génétique (CRISPR) peut-elle améliorer la productivité agricole ?

194. Comment les biostimulants naturels remplacent-ils les engrais chimiques ?

195.   Quels sont les défis de l'adoption des fermes autonomes et robotisées ?

196.   Comment l'impression 3D de nourriture pourrait-elle impacter l'agriculture ?

197.   Quels sont les enjeux du développement de la viande cultivée en laboratoire ?

198.   En quoi les fermes sous-marines pourraient-elles être une solution d'avenir ?

199.   Comment la fusion de l'IA et de la biologie végétale peut-elle transformer l'agriculture ?

200.   Quels sont les impacts potentiels des nanotechnologies sur l'agriculture durable ?

CHAPITRE 10.DROIT ET LA SÉCURITÉ

Introduction : L'Intelligence Artificielle au Service du Droit et de la Sécurité

Dans un monde où la **réglementation juridique et la sécurité** deviennent de plus en plus complexes, l'intelligence artificielle (IA) se positionne comme un outil puissant pour **automatiser, analyser et renforcer la prise de décision** dans ces domaines. Que ce soit pour assister les professionnels du droit ou améliorer la surveillance et la prévention des risques, l'IA permet d'accélérer les processus et d'optimiser l'efficacité des systèmes judiciaires et sécuritaires.

L'IA offre des **solutions avancées pour analyser des volumes massifs de données juridiques, détecter les fraudes et prévenir les menaces**, tout en garantissant un cadre éthique et conforme aux lois en vigueur. Son utilisation s'étend aussi bien aux **tribunaux, aux cabinets d'avocats, aux entreprises qu'aux forces de l'ordre et aux agences de sécurité**.

Dans ce recueil de **prompts dédiés au droit et à la sécurité**, nous explorerons plusieurs applications majeures de l'IA :

- **Analyse automatique de contrats et documents juridiques** : L'IA facilite la lecture et l'interprétation des textes juridiques, en identifiant les clauses importantes et en détectant les risques potentiels.

- **Détection de fraudes et de violations réglementaires** : Les algorithmes d'IA peuvent surveiller les transactions et les comportements suspects pour identifier des fraudes financières ou des infractions aux régulations.

- **Surveillance et reconnaissance faciale** : Utilisée dans la sécurité publique et privée, l'IA permet d'identifier des individus en temps réel, de renforcer la sûreté des infrastructures et de prévenir les actes criminels.

- **Prédiction de la criminalité et gestion des risques** : Grâce à l'analyse des données criminelles et des tendances, l'IA aide les autorités à anticiper les délits et à allouer efficacement les ressources de sécurité.

- **Aide à la décision judiciaire** : L'IA assiste les juges et avocats en fournissant des analyses de jurisprudence, en évaluant les cas et en proposant des recommandations basées sur des précédents judiciaires.

L'IA ouvre ainsi la voie à une **justice plus rapide et plus accessible, ainsi qu'à une sécurité renforcée**, en réduisant les erreurs humaines et en améliorant la capacité de prévention et d'intervention. **Ce guide de prompts vous permettra d'explorer ces innovations et d'exploiter pleinement le potentiel de l'IA dans le domaine du droit et de la sécurité.**

Voici 200 prompts dans le domaine du Droit et de la Sécurité, répartis en plusieurs catégories.

1. Droit Constitutionnel et Institutions

1. Quelles sont les principales sources du droit constitutionnel ?
2. Comment fonctionne la séparation des pouvoirs dans un État démocratique ?
3. Quels sont les droits fondamentaux protégés par la Constitution ?
4. En quoi consiste le contrôle de constitutionnalité des lois ?
5. Quel est le rôle du chef de l'État dans un régime présidentiel ?
6. Quelles sont les différences entre une démocratie directe et représentative ?
7. Comment un citoyen peut-il contester une loi anticonstitutionnelle ?
8. Quelles sont les limites des pouvoirs d'un président de la République ?
9. Comment fonctionne le recours devant la Cour constitutionnelle ?
10. Quels sont les enjeux des révisions constitutionnelles ?

2. Droit Pénal et Procédure Pénale

11. Quelle est la différence entre une contravention, un délit et un crime ?
12. Quels sont les éléments constitutifs d'une infraction pénale ?
13. Quelles sont les étapes d'une procédure pénale ?

14. Quels sont les droits d'un suspect lors de son interpellation ?

15. En quoi consiste la présomption d'innocence ?

16. Quels sont les critères pour bénéficier d'une liberté conditionnelle ?

17. Comment fonctionne la garde à vue et quelles en sont les limites légales ?

18. Quelle est la différence entre peine privative et peine alternative ?

19. Quels sont les moyens de défense en droit pénal ?

20. Comment fonctionne un procès devant une Cour d'Assises ?

3. Droit Civil et Obligations

21. Quels sont les principes fondamentaux du droit des contrats ?

22. Quelle est la différence entre responsabilité civile et pénale ?

23. Comment prouver l'existence d'un contrat en justice ?

24. Quels sont les droits et devoirs des époux en droit matrimonial ?

25. Comment fonctionne la succession légale en cas de décès sans testament ?

26. Quelles sont les conditions de validité d'un contrat ?

27. Comment contester une reconnaissance de dette ?

28. Quels sont les recours en cas de vices cachés sur un bien vendu ?

29. Comment annuler un contrat pour dol ou erreur ?

30. Quels sont les délais de prescription en matière civile ?

4. Droit du Travail et Protection Sociale

31. Quels sont les droits fondamentaux des travailleurs ?

32. Comment se déroule une procédure de licenciement ?

33. Quels sont les recours en cas de harcèlement au travail ?

34. En quoi consiste la rupture conventionnelle d'un contrat de travail ?

35. Quelles sont les obligations de l'employeur en matière de sécurité ?

36. Quels sont les différents types de contrats de travail ?

37. Comment fonctionne le droit de grève ?

38. Quels sont les critères d'une discrimination au travail ?

39. Comment fonctionne le régime des congés payés ?

40. Quels sont les droits d'un travailleur indépendant face à un client défaillant ?

5. Droit des Affaires et de l'Entreprise

41. Quelles sont les étapes de la création d'une entreprise en droit ?

42. Comment fonctionne la responsabilité du dirigeant d'entreprise ?

43. Quelles sont les clauses essentielles d'un contrat commercial ?

44. Qu'est-ce que la concurrence déloyale en droit des affaires ?

45. Comment fonctionne une procédure de redressement

judiciaire ?

46. Quels sont les différents statuts juridiques d'une entreprise ?

47. Comment protéger juridiquement une marque commerciale ?

48. En quoi consiste le droit des sociétés ?

49. Quels sont les recours possibles en cas de litige commercial ?

50. Quelles sont les obligations légales en matière de facturation ?

6. Droit de l'Environnement et Urbanisme

51. Quelles sont les principales lois sur la protection de l'environnement ?

52. Comment fonctionne le droit de l'eau et de l'énergie ?

53. Quels sont les droits des citoyens face à une pollution industrielle ?

54. Comment fonctionne le permis de construire ?

55. Quels sont les recours en cas de non-respect du droit de l'urbanisme ?

56. Quelles sont les sanctions en cas d'atteinte à l'environnement ?

57. Comment les entreprises doivent-elles se conformer aux normes écologiques ?

58. Quels sont les principes du développement durable en droit ?

59. Quelles sont les obligations des États en matière de changement climatique ?

60. Comment protéger un espace naturel classé ?

7. Droit du Numérique et Protection des Données

61. Quelles sont les obligations du RGPD pour les entreprises ?
62. Comment protéger juridiquement un site web contre le plagiat ?
63. Quels sont les droits d'un utilisateur sur ses données personnelles ?
64. Quelles sont les sanctions en cas de cybercriminalité ?
65. Comment un particulier peut-il effacer ses données personnelles sur internet ?
66. Quelles sont les obligations légales des influenceurs sur les réseaux sociaux ?
67. Comment prouver un cyber harcèlement devant la justice ?
68. Quels sont les recours en cas d'usurpation d'identité en ligne ?
69. Quelles sont les règles de propriété intellectuelle sur YouTube ?
70. Comment protéger une application mobile juridiquement ?

8. Sécurité Nationale et Droit International

71. Quels sont les principes du droit humanitaire international ?
72. Comment un pays peut-il déclarer un état d'urgence ?

73. Quelles sont les obligations des États en matière de lutte contre le terrorisme ?

74. Quelles sont les limites du droit d'ingérence humanitaire ?

75. Comment fonctionne l'extradition entre deux pays ?

76. Quels sont les droits des prisonniers de guerre selon la Convention de Genève ?

77. Quels sont les critères pour accorder l'asile politique ?

78. Comment fonctionne la Cour pénale internationale (CPI) ?

79. Quelles sont les missions de l'ONU en matière de sécurité mondiale ?

80. Quels sont les recours en cas de violation des droits de l'Homme ?

9. Droit de la Sécurité Privée et Publique

81. Quels sont les pouvoirs d'un agent de sécurité privé ?

82. Quelles sont les conditions pour porter une arme en service ?

83. Comment fonctionne la vidéosurveillance en entreprise ?

84. Quelles sont les obligations des sociétés de sécurité privée ?

85. Quels sont les droits et limites des forces de l'ordre en matière d'arrestation ?

86. Comment fonctionne le droit de légitime défense ?

87. Quelles sont les règles encadrant l'usage des drones pour la surveillance ?

88. Quels sont les recours en cas de violence policière ?

89. Comment fonctionne la Cybersécurité dans le secteur bancaire ?

90. Quelles sont les sanctions en cas de fraude bancaire ?

10. Droit des Assurances

91. Quelles sont les obligations d'un assureur envers ses clients ?

92. Comment fonctionne l'assurance responsabilité civile ?

93. Quelles sont les étapes pour déclarer un sinistre ?

94. Quels sont les délais pour obtenir une indemnisation après un accident ?

95. Comment contester un refus d'indemnisation d'une assurance ?

96. En quoi consiste la fraude à l'assurance et quelles sont les sanctions ?

97. Quelles sont les obligations de l'assuré en cas de dommage corporel ?

98. Comment fonctionne l'assurance vie en cas de décès de l'assuré ?

99. Quelles sont les différences entre assurance obligatoire et facultative ?

100. Quels sont les recours en cas de litige avec une compagnie d'assurance ?

11. Droit de la Famille

101. Quelles sont les conditions pour obtenir

un divorce ?

102. Comment fonctionne la garde partagée des enfants après un divorce ?

103. Quels sont les droits d'un père non marié sur son enfant ?

104. Comment se déroule une adoption en France ?

105. Quels sont les droits et devoirs des grands-parents envers leurs petits-enfants ?

106. Comment fonctionne la pension alimentaire et comment est-elle calculée ?

107. Quelles sont les conditions pour changer légalement de nom de famille ?

108. Quels sont les recours en cas de violences conjugales ?

109. Comment fonctionne la médiation familiale ?

110. Quels sont les droits d'un enfant né hors mariage ?

12. Droit de la Consommation

111. Quels sont les droits du consommateur en cas de produit défectueux ?

112. Comment exercer son droit de rétractation après un achat en ligne ?

113. Quelles sont les obligations des entreprises en matière de publicité mensongère ?

114. Comment porter plainte contre une entreprise pour pratique abusive ?

115. Quels sont les recours en cas de

surendettement ?

116.   Comment signaler une arnaque sur internet ?

117.   En quoi consiste la garantie légale de conformité d'un produit ?

118.   Quels sont les droits du consommateur en cas de faillite d'un prestataire ?

119.   Quelles sont les obligations des banques en matière de protection des clients ?

120.   Comment obtenir le remboursement d'un achat frauduleux sur une carte bancaire ?

13. Droit de la Propriété Intellectuelle

121.   Comment protéger une œuvre artistique contre le plagiat ?

122.   Quels sont les droits d'auteur sur un livre auto publié ?

123.   En quoi consiste le dépôt d'un brevet et comment l'obtenir ?

124.   Comment fonctionne la protection d'un logo et d'une marque ?

125.   Quels sont les recours en cas de violation de propriété intellectuelle ?

126.   Quelle est la durée de protection des droits d'auteur ?

127.   Comment prouver l'antériorité d'une création artistique ?

128.   En quoi consiste le fair-use en matière de droits d'auteur ?

129.   Comment enregistrer une invention

auprès de l'INPI ?

130.   Quels sont les risques juridiques liés au partage illégal de films en ligne ?

14.   Sécurité   Numérique   et Cybercriminalité

131.   Quelles sont les principales menaces en cybersécurité ?

132.   Comment fonctionne le phishing et comment s'en protéger ?

133.   Quels sont les droits d'un utilisateur en cas de piratage de compte ?

134.   Quelles sont les sanctions en cas de hacking d'un système informatique ?

135.   Comment protéger une entreprise contre les attaques informatiques ?

136.   En quoi consiste le droit à l'oubli numérique ?

137.   Comment fonctionne l'usurpation d'identité en ligne ?

138.   Quels sont les recours en cas de diffamation sur internet ?

139.   Comment signaler un site frauduleux aux autorités ?

140.   Quelles sont les obligations des réseaux sociaux en matière de protection des utilisateurs ?

15. Droit Maritime et Aérien

141.   Quels sont les droits des passagers en cas d'annulation de vol ?

142.   Comment fonctionne la responsabilité des compagnies aériennes en cas d'accident ?

143.   En quoi consiste le droit maritime international ?

144.   Quels sont les recours en cas de perte de bagages par une compagnie aérienne ?

145.   Comment fonctionne la réglementation sur la pollution des navires ?

146.   Quels sont les droits des marins en matière de droit du travail ?

147.   Comment fonctionne la loi sur la piraterie maritime ?

148.   Quels sont les documents nécessaires pour naviguer légalement en haute mer ?

149.   Comment les États contrôlent-ils le transport aérien ?

150.   Quelles sont les obligations des compagnies aériennes en cas de surbooking ?

16. Droit de la Santé et Bioéthique

151.   Quels sont les droits des patients face aux erreurs médicales ?

152.   En quoi consiste le consentement éclairé en médecine ?

153.   Quels sont les recours en cas de faute médicale ?

154.   Comment fonctionne la loi sur la fin de vie et l'euthanasie ?

155.　Quelles sont les obligations des hôpitaux en matière de protection des données médicales ?

156.　Comment fonctionne la législation sur le don d'organes ?

157.　Quelles sont les conditions légales pour réaliser des essais cliniques ?

158.　Comment fonctionne la protection des personnes handicapées en droit ?

159.　Quelles sont les limites légales de la télémédecine ?

160.　Quels sont les droits des patients atteints de maladies rares ?

17. Droit International Public et Privé

161.　Comment fonctionne l'extradition entre pays ?

162.　En quoi consiste la souveraineté d'un État en droit international ?

163.　Quels sont les mécanismes de règlement des conflits internationaux ?

164.　Comment fonctionne la reconnaissance des mariages internationaux ?

165.　Quels sont les droits des réfugiés selon la Convention de Genève ?

166.　Comment fonctionne le droit diplomatique et l'immunité des ambassadeurs ?

167.　Quels sont les critères pour qu'un État soit reconnu par la communauté internationale ?

168.　Comment les traités internationaux sont-ils appliqués dans le droit national ?

169.   Quels sont les droits des travailleurs expatriés ?

170.   Comment résoudre un litige commercial entre entreprises de différents pays ?

18. Droit Rural et Environnemental

171.   Quelles sont les obligations légales des agriculteurs en matière d'environnement ?

172.   En quoi consiste le droit foncier et la protection des terres agricoles ?

173.   Quels sont les droits des consommateurs face aux OGM ?

174.   Comment fonctionne la législation sur l'usage des pesticides ?

175.   Quelles sont les obligations des entreprises en matière de gestion des déchets ?

176.   Comment protéger juridiquement un écosystème menacé ?

177.   Quelles sont les sanctions pour exploitation illégale des forêts ?

178.   Comment les États réglementent-ils la pêche industrielle ?

179.   En quoi consiste la compensation écologique en droit de l'environnement ?

180.   Comment les normes internationales influencent-elles le droit de l'environnement ?

19. Sécurité et Terrorisme

181.	Quels sont les moyens légaux pour lutter contre le terrorisme ?

182.	Comment fonctionne la surveillance des communications en matière de sécurité ?

183.	Quelles sont les lois encadrant l'usage des drones pour la sécurité nationale ?

184.	Comment fonctionne le gel des avoirs des organisations terroristes ?

185.	Quels sont les recours des citoyens face à des mesures de surveillance abusives ?

186.	En quoi consiste la lutte contre le blanchiment d'argent dans le financement du terrorisme ?

187.	Comment les forces de l'ordre doivent-elles gérer les crises terroristes ?

188.	Quelles sont les obligations des plateformes numériques pour lutter contre la propagande terroriste ?

189.	Comment protéger les infrastructures critiques d'un pays ?

190.	Quels sont les impacts du droit international sur la lutte contre le terrorisme ?

20. Droit et Éthique en Intelligence Artificielle

191.	Quels sont les enjeux juridiques de l'intelligence artificielle en matière de protection des données ?

192.	Comment encadrer légalement l'usage des algorithmes dans la prise de décision publique ?

193.   Quels sont les droits des citoyens face aux décisions automatisées des entreprises ?

194.   En quoi consiste la responsabilité juridique des créateurs d'IA ?

195.   Quels sont les défis éthiques liés aux armes autonomes et à l'IA militaire ?

196.   Comment protéger les œuvres créées par l'intelligence artificielle en matière de droit d'auteur ?

197.   Quelles sont les obligations des entreprises développant des chatbots et assistants virtuels ?

198.   Comment l'IA est-elle utilisée dans la prévention du crime et quelles en sont les limites légales ?

199.   Quels sont les principes du droit européen en matière de régulation de l'IA ?

200.   Comment les gouvernements peuvent-ils encadrer le développement responsable de l'IA ?

CHAPITRE 11. L'ART ET DU DIVERTISSEMENT

Introduction : L'Intelligence Artificielle au Service de l'Art et du Divertissement

L'intelligence artificielle est en train de transformer profondément le monde de **l'art et du divertissement**, ouvrant la voie à des formes de créativité inédites. Grâce à l'IA, les artistes, créateurs et développeurs disposent d'outils puissants pour **générer de la musique, écrire des scénarios, animer des films et concevoir des jeux vidéo immersifs**.

Loin de remplacer la créativité humaine, l'IA agit comme un **catalyseur**, permettant d'explorer de nouvelles esthétiques, d'accélérer le processus de création et de repousser les limites de l'innovation artistique. Des compositeurs aux cinéastes, en passant par les écrivains et les concepteurs de jeux, tous peuvent tirer parti de cette technologie pour enrichir leurs œuvres et offrir des expériences uniques au public.

Dans ce recueil de **prompts dédiés à l'art et au divertissement**, nous explorerons plusieurs applications clés de l'IA :

- **Musique générée par IA (AIVA, OpenAI Jukebox)** : L'IA compose des morceaux originaux, adapte des styles musicaux et assiste les musiciens dans la création de bandes-son uniques.

- **Création de scénarios et storytelling automatisé** : Les algorithmes d'IA aident à écrire des histoires captivantes, à générer des dialogues réalistes et à structurer des récits engageants.

- **Animation et effets spéciaux optimisés** : Grâce à l'IA, l'animation devient plus fluide et réaliste, tandis que les effets visuels atteignent un niveau de précision inédit.

- **Jeux vidéo avec IA adaptative** : L'IA permet de concevoir des jeux où les personnages et les environnements s'adaptent dynamiquement aux actions des joueurs, offrant ainsi une expérience plus immersive.

- **Expériences interactives et réalités augmentées** : L'IA révolutionne les formes de divertissement en permettant des expériences interactives uniques, du cinéma immersif aux installations artistiques en réalité augmentée.

Avec ces avancées, nous assistons à une **nouvelle ère de la créativité**, où les frontières entre l'homme et la machine s'estompent pour donner naissance à des œuvres toujours plus audacieuses. **Ce guide de prompts vous permettra d'explorer et d'exploiter tout le potentiel de l'IA dans l'art et le divertissement.**

Voici 200 prompts dans le domaine de l'Art et du Divertissement, répartis en différentes catégories :

1. Création Artistique et Peinture

1. Décris une œuvre d'art futuriste inspirée de l'intelligence artificielle.
2. Imagine un tableau qui représente la fusion entre la nature et la technologie.
3. Quel serait le style d'un peintre du XXIe siècle influencé par le numérique ?
4. Comment représenter le temps en peinture de manière originale ?
5. Décris une fresque murale qui raconte une histoire inspirante.
6. Quel serait le portrait d'un personnage de légende revisité en style cyberpunk ?
7. Imagine une œuvre surréaliste qui explore les rêves et l'inconscient.
8. Quels symboles utiliser pour représenter la renaissance et le renouveau en art ?
9. Décris un tableau où les couleurs et les formes donnent une impression de mouvement.
10. Imagine une peinture minimaliste qui évoque la solitude et la réflexion.

2. Musique et Composition Sonore

11. Crée les paroles d'une chanson sur l'évasion et la liberté.
12. Comment composer une mélodie qui évoque la nostalgie d'un moment passé ?

13. Imagine un morceau de musique électronique inspiré des sons de la nature.

14. Décris une bande sonore parfaite pour un film de science-fiction.

15. Comment retranscrire une émotion forte à travers une composition musicale ?

16. Quels instruments choisir pour une ambiance mystérieuse et immersive ?

17. Imagine un album concept inspiré des quatre éléments : eau, terre, air, feu.

18. Comment intégrer des bruits de la vie quotidienne dans une œuvre musicale ?

19. Décris la musique idéale pour accompagner un coucher de soleil en bord de mer.

20. Imagine une collaboration entre deux artistes de styles opposés.

3. Cinéma et Audiovisuel

21. Écris le synopsis d'un film dystopique sur un monde dominé par l'IA.

22. Décris une scène de film où le temps est suspendu.

23. Imagine une nouvelle fin pour un film célèbre.

24. Quels éléments clés font d'un film un chef-d'œuvre cinématographique ?

25. Décris un décor de science-fiction qui semble crédible et immersif.

26. Comment rendre un personnage de film inoubliable grâce à son design ?

27. Imagine une scène de combat chorégraphiée avec une touche artistique.

28. Quels sont les éléments essentiels d'un bon film d'horreur ?
29. Comment filmer une scène d'émotion intense de manière originale ?
30. Décris une bande-annonce intrigante pour un film d'aventure.

4. Littérature et Écriture Créative

31. Imagine le début d'un roman fantastique inspiré de mythes anciens.
32. Décris un personnage dont l'histoire se déroule dans un monde post-apocalyptique.
33. Comment écrire un dialogue percutant entre deux personnages en conflit ?
34. Crée un poème qui évoque la mélancolie et le temps qui passe.
35. Quels sont les éléments d'un bon retournement de situation en narration ?
36. Imagine une lettre d'amour écrite dans un futur lointain.
37. Décris un univers de fantasy où la musique a des pouvoirs magiques.
38. Quels sont les ingrédients d'un bon roman policier ?
39. Comment retranscrire les pensées profondes d'un personnage en quelques lignes ?
40. Imagine un conte pour enfants qui enseigne une belle leçon de vie.

5. Photographie et Art Visuel

41. Quels sont les éléments essentiels d'une composition photographique réussie ?

42. Décris la photographie parfaite pour capturer un moment de pure joie.

43. Comment utiliser la lumière naturelle pour donner un effet dramatique en photo ?

44. Quels sont les avantages du noir et blanc dans l'art photographique ?

45. Imagine une série de photos qui racontent une histoire sans paroles.

46. Comment exprimer la solitude à travers une image ?

47. Quels sont les meilleurs sujets pour une photo en macro ?

48. Décris une photographie qui capture un moment historique important.

49. Quels angles de prise de vue donnent une impression de grandeur ?

50. Comment photographier une scène de rue qui raconte une émotion forte ?

6. Jeux Vidéo et Animation

51. Décris le concept d'un jeu vidéo basé sur les rêves des joueurs.

52. Comment concevoir un personnage de jeu vidéo iconique ?

53. Quels sont les éléments clés d'une bonne direction artistique en jeu vidéo ?

54. Imagine un jeu de rôle où les décisions influencent profondément l'histoire.

55. Comment créer une ambiance immersive grâce à la

musique d'un jeu ?

56. Décris un décor de jeu vidéo inspiré d'un monde sous-marin.

57. Quels styles d'animation fonctionnent le mieux pour un jeu narratif ?

58. Comment rendre un ennemi de jeu vidéo terrifiant et mémorable ?

59. Imagine un jeu éducatif qui enseigne une compétence de manière ludique.

60. Quels sont les meilleurs moyens d'intégrer des éléments artistiques dans un jeu d'action ?

7. Mode et Design

61. Décris une collection de vêtements inspirée de la nature sauvage.

62. Comment intégrer l'intelligence artificielle dans le design de mode ?

63. Imagine une tenue futuriste qui s'adapte aux émotions de celui qui la porte.

64. Quels sont les éléments essentiels d'un logo mémorable ?

65. Décris une robe de gala inspirée de la mythologie grecque.

66. Comment concevoir une tenue qui allie confort et élégance ?

67. Imagine un design de chaussures inspiré des éléments de la terre.

68. Comment intégrer la durabilité dans la mode contemporaine ?

69. Décris une pièce de haute couture avec un concept

unique.

70. Quels motifs et couleurs fonctionnent le mieux pour exprimer la modernité ?

8. Arts de la Scène et Performance

71. Imagine une performance théâtrale sans dialogues, uniquement basée sur les mouvements.
72. Comment captiver un public dès les premières secondes d'un spectacle ?
73. Décris un ballet moderne inspiré de la ville et de ses rythmes.
74. Quels sont les défis de la mise en scène d'un opéra contemporain ?
75. Comment utiliser la lumière pour donner vie à une scène de spectacle ?
76. Décris un show de cirque innovant mêlant tradition et nouvelles technologies.
77. Comment rendre une pièce de théâtre interactive avec le public ?
78. Quels sont les éléments clés d'un bon stand-up humoristique ?
79. Décris une performance artistique en plein air qui attire les foules.
80. Comment les arts du spectacle peuvent-ils sensibiliser à une cause sociale ?

9. Culture Pop et Médias

81. Comment analyser l'impact culturel d'une série télé culte ?

82. Quels sont les ingrédients d'une bonne parodie musicale ?

83. Décris une scène iconique d'un film en version alternative.

84. Quels sont les effets des médias sociaux sur la création artistique ?

85. Imagine un mashup improbable entre deux franchises célèbres.

86. Comment les mèmes internet influencent-ils la culture contemporaine ?

87. Décris un festival artistique qui met en avant des talents émergents.

88. Quels sont les secrets de la viralité d'une œuvre artistique ?

89. Comment les influenceurs redéfinissent-ils l'art et la mode ?

90. Décris une exposition d'art interactif pour un musée numérique.

10. Bandes Dessinées et Illustration

91. Imagine un super-héros dont le pouvoir est lié aux émotions humaines.

92. Décris une ville futuriste en style steampunk pour une BD.

93. Comment retranscrire une scène d'action intense en illustration ?

94. Quels sont les éléments d'une bonne mise en page de bande dessinée ?

95. Décris un méchant charismatique pour un manga de science-fiction.

96. Imagine une BD sans dialogues qui raconte une histoire poignante.

97. Quels styles graphiques conviennent le mieux à un webcomic humoristique ?

98. Comment jouer avec les couleurs pour renforcer l'ambiance d'une BD ?

99. Décris un héros de fantasy avec une apparence originale et marquante.

100.   Comment illustrer une scène de rêve en style onirique ?

11. Architecture et Design d'Espaces

101.   Imagine un bâtiment inspiré des formes organiques de la nature.

102.   Comment créer une architecture qui allie tradition et modernité ?

103.   Décris une maison du futur utilisant des matériaux innovants.

104.   Quels éléments rendent un espace artistique immersif ?

105.   Comment concevoir un musée interactif pour une nouvelle génération ?

106.   Décris un lieu qui fusionne art, nature et technologie.

107.   Imagine une ville où chaque quartier a un style artistique différent.

108.   Quels sont les principes d'un bon design d'intérieur inspiré du minimalisme ?

109.   Décris une salle de concert conçue pour une acoustique parfaite.

110.   Comment intégrer l'intelligence artificielle dans la conception architecturale ?

12. Expériences Immersives et Art Digital

111.   Imagine une œuvre d'art en réalité augmentée qui interagit avec les spectateurs.

112.   Quels sont les éléments essentiels d'un bon projet d'art numérique ?

113.   Décris une expérience immersive où la lumière et le son sont les protagonistes.

114.   Comment combiner l'intelligence artificielle et la créativité artistique ?

115.   Imagine une installation artistique où les émotions des visiteurs influencent l'œuvre.

116.   Quels sont les défis de la création artistique en métavers ?

117.   Décris une œuvre générative qui évolue avec le temps.

118.   Comment raconter une histoire uniquement à travers des hologrammes ?

119.   Imagine une exposition d'art interactif dans un espace urbain.

120.   Quels sont les impacts de l'IA sur la création d'images numériques ?

13. Calligraphie et Typographie

121. Imagine une nouvelle police de caractères inspirée de la nature.

122. Quels sont les principes d'une bonne composition en calligraphie ?

123. Décris un logo conçu exclusivement avec de la typographie artistique.

124. Comment moderniser l'art traditionnel de la calligraphie dans le design contemporain ?

125. Imagine une police de caractères qui évolue selon le temps de la journée.

126. Quels sont les éléments clés d'une typographie expressive ?

127. Décris un projet où la typographie devient une œuvre artistique à part entière.

128. Comment utiliser les lettres pour raconter une histoire visuelle ?

129. Imagine une affiche de film qui repose uniquement sur un travail typographique.

130. Quels sont les défis de la conception d'une police d'écriture lisible et artistique ?

14. Culture et Histoire de l'Art

131. Quels sont les courants artistiques qui influencent le plus la culture contemporaine ?

132. Décris une œuvre méconnue qui mérite d'être redécouverte.

133. Comment le street art a-t-il évolué au fil des décennies ?

134. Quels sont les artistes modernes qui repoussent les limites de la créativité ?

135.   Imagine une exposition qui retrace l'évolution de l'art numérique.

136.   Comment un tableau du passé pourrait-il être revisité dans un style moderne ?

137.   Quels sont les liens entre la mode et l'histoire de l'art ?

138.   Décris un musée du futur où chaque œuvre réagit aux visiteurs.

139.   Comment intégrer des techniques anciennes dans l'art contemporain ?

140.   Quels sont les artistes qui ont révolutionné leur époque par leur audace ?

15. Performance et Art de Rue

141.   Décris une performance artistique qui fait réagir les passants dans la rue.

142.   Quels sont les éléments d'un spectacle de rue captivant ?

143.   Imagine une statue interactive qui change en fonction des saisons.

144.   Comment mélanger le théâtre et l'art visuel dans une même performance ?

145.   Décris une danse inspirée des mouvements de la nature.

146.   Quels sont les défis de l'art vivant dans les espaces publics ?

147.   Imagine une fresque urbaine qui évolue avec le temps.

148.   Comment transformer un quartier en galerie d'art à ciel ouvert ?

149.   Décris une installation artistique qui sensibilise à une cause sociale.

150.   Quels sont les éléments d'une bonne mise en scène pour un show en plein air ?

16. Expériences Multi sensorielles

151.   Imagine un événement artistique qui sollicite les cinq sens des visiteurs.

152.   Quels sont les moyens d'intégrer l'odorat dans une expérience immersive ?

153.   Décris une installation où le toucher joue un rôle central.

154.   Comment associer la musique et la peinture dans une même expérience artistique ?

155.   Imagine une galerie où chaque œuvre génère un son unique en s'approchant.

156.   Quels sont les défis de la création d'une expérience sensorielle en art ?

157.   Décris une œuvre où l'eau et la lumière créent un effet envoûtant.

158.   Comment l'intelligence artificielle peut-elle être utilisée pour personnaliser une expérience artistique ?

159.   Imagine une installation où le spectateur devient lui-même l'œuvre d'art.

160.   Quels sont les éléments d'un spectacle immersif réussi ?

17. Art et Intelligence Artificielle

161.   Comment l'IA peut-elle aider à la création de nouvelles formes d'art ?

162.   Décris une œuvre d'art entièrement générée par une IA.

163.   Quels sont les dilemmes éthiques liés à l'utilisation de l'IA en art ?

164.   Imagine un robot capable de peindre en imitant différents styles artistiques.

165.   Comment l'IA peut-elle collaborer avec les artistes humains ?

166.   Quels sont les risques de standardisation dans l'art généré par IA ?

167.   Décris un projet artistique qui fusionne deep learning et créativité humaine.

168.   Comment l'IA peut-elle analyser et interpréter des œuvres d'art classiques ?

169.   Imagine une galerie numérique où chaque tableau est généré en temps réel.

170.   Quels sont les futurs possibles de l'art assisté par l'IA ?

18. Art et Engagement Social

171.   Comment l'art peut-il sensibiliser aux problèmes environnementaux ?

172.   Décris une œuvre qui dénonce une injustice sociale.

173.   Quels sont les meilleurs exemples d'art engagé à travers l'histoire ?

174.   Imagine une fresque murale qui raconte l'histoire d'une communauté.

175. Comment l'art peut-il être un outil de guérison émotionnelle ?

176. Décris une performance artistique qui réunit des cultures différentes.

177. Quels sont les artistes contemporains qui utilisent leur art pour faire passer un message ?

178. Imagine une exposition sur la diversité culturelle à travers le monde.

179. Comment le cinéma peut-il influencer les mentalités sur un sujet de société ?

180. Décris une initiative artistique qui aide les personnes en difficulté.

19. Art et Innovation

181. Comment les NFT transforment-ils le marché de l'art ?

182. Imagine une œuvre qui ne peut être vue qu'en réalité virtuelle.

183. Quels sont les nouveaux matériaux utilisés dans l'art contemporain ?

184. Décris un concept de galerie d'art mobile et interactive.

185. Comment l'art peut-il fusionner avec la science pour créer de nouvelles expériences ?

186. Imagine une ville où l'architecture est conçue comme une immense œuvre d'art.

187. Quels sont les défis de l'art numérique par rapport à l'art traditionnel ?

188. Comment utiliser la biotechnologie pour créer de l'art vivant ?

189.   Décris une sculpture qui interagit avec son environnement.

190.   Quels sont les futurs possibles de l'art à l'ère du digital ?

20. Art et Expérimentation

191.   Imagine une exposition où les visiteurs doivent créer l'œuvre finale eux-mêmes.

192.   Comment intégrer des matériaux recyclés dans une installation artistique ?

193.   Décris une peinture qui change d'apparence en fonction de la température.

194.   Quels sont les défis de l'art cinétique et du mouvement dans la sculpture ?

195.   Imagine une performance artistique où la musique et la danse fusionnent avec la technologie.

196.   Comment utiliser la lumière pour créer des illusions d'optique artistiques ?

197.   Décris une œuvre qui explore la relation entre l'homme et l'intelligence artificielle.

198.   Quels sont les concepts clés pour créer une installation artistique participative ?

199.   Imagine un festival où chaque spectateur devient acteur d'une œuvre en temps réel.

200.   Comment l'art peut-il repousser les limites de la perception humaine ?

Liste Des Plateformes D'intelligence Artificielle Classées Par Catégorie

2 200 PROMPTS IA

L'intelligence artificielle est aujourd'hui utilisée dans de nombreux domaines grâce à des plateformes spécialisées. Voici une classification des principales plateformes IA par catégorie :

1. Génération de Texte et Traitement du Langage Naturel (NLP)

- **ChatGPT** (OpenAI) – Génération de texte et assistant conversationnel
- **Claude** (Anthropic) – Assistant IA avancé en langage naturel
- **Bard** (Google AI) – Chatbot et génération de texte
- **Jasper AI** – Rédaction de contenu marketing et SEO
- **Copy.ai** – Génération de texte et de copies publicitaires
- **Writesonic** – Rédaction de contenu optimisé pour le web
- **Hugging Face** – Bibliothèque open-source pour NLP et modèles de langage
- **DeepL Write** – Amélioration et correction de texte

2. Génération d'Images et de Vidéos

- **DALL·E** (OpenAI) – Génération d'images à partir de texte
- **Stable Diffusion** – Création d'images IA open-source
- **Midjourney** – Génération d'illustrations artistiques et réalistes
- **Runway ML** – Génération et édition de vidéos avec IA
- **Deep Dream Generator** – Transformation d'images avec IA
- **DeepArt** – Création d'images artistiques basées sur l'IA
- **Pika Labs** – Animation d'images et création de vidéos IA

3. Génération de Voix et Synthèse Vocale

- **ElevenLabs** – Synthèse vocale réaliste et personnalisée
- **Descript** – Édition audio/vidéo et clonage de voix

- **Murf AI** – Génération de voix naturelles pour vidéos et podcasts
- **Resemble AI** – Clonage vocal et voix synthétiques personnalisées
- **Google Text-to-Speech** – Synthèse vocale avancée
- **Amazon Polly** – Conversion de texte en parole naturelle
- **IBM Watson Text to Speech** – Synthèse vocale IA

4. Codage et Développement Logiciel

- **GitHub Copilot** – Génération de code assistée par IA
- **Codeium** – Assistant de codage IA open-source
- **Tabnine** – Autocomplétion et suggestions de code basées sur l'IA
- **Amazon CodeWhisperer** – Assistance au codage pour développeurs
- **DeepCode** – Détection et correction d'erreurs dans le code
- **PolyCoder** – Génération de code open-source basée sur l'IA

5. Cybersécurité et Détection de Menaces

- **Darktrace** – Détection et réponse aux cyberattaques
- **CrowdStrike Falcon** – Protection des endpoints contre les menaces
- **Microsoft Defender AI** – Sécurité et protection avancée par IA
- **SentinelOne** – Détection et prévention des intrusions avec IA
- **IBM Watson for Cyber Security** – Analyse des cyber menaces

6. Finance et Économie

- **Kavout** – Analyse et prévision des marchés financiers
- **AlphaSense** – Recherche et analyse financière automatisée
- **ZestFinance** – Scoring de crédit et gestion des risques
- **Numerai** – Modélisation des marchés financiers basée

sur l'IA
- **Kensho (S&P Global)** – Analyse de données économiques avec IA

7. Éducation et Formation

- **Socratic by Google** – Aide aux devoirs et explication de concepts
- **Quizlet AI** – Génération de quiz et d'exercices interactifs
- **Grammarly** – Correction et amélioration de texte avec IA
- **ScribeSense** – Évaluation automatisée de copies manuscrites
- **Querium** – Tutor virtuel pour sciences et mathématiques

8. Santé et Médecine

- **IBM Watson Health** – Analyse de données médicales et diagnostics

- **Qure.ai** – Interprétation d'images médicales (radiologie, IRM)
- **Viz.ai** – Détection précoce d'AVC grâce à l'IA
- **Paige AI** – Analyse de biopsies et détection de cancers
- **Aidoc** – Assistance aux radiologues pour l'analyse d'imageries médicales

9. Marketing et Commerce Électronique

- **Persado** – Création de campagnes marketing optimisées par IA
- **Phrasee** – Optimisation des e-mails et publicités IA
- **Adzooma** – Gestion automatisée des campagnes publicitaires
- **Dynamic Yield** – Personnalisation des recommandations produits
- **Salesforce Einstein** – Analyse et prédictions marketing

10. Industrie et Automatisation

- **Siemens MindSphere** – Analyse et optimisation industrielle avec IA
- **Uptake** – Maintenance prédictive des équipements industriels
- **SparkCognition** – IA pour la gestion des opérations industrielles
- **Falkonry** – Surveillance et détection d'anomalies dans la production
- **Vention** – Automatisation des processus industriels avec IA

11. Transport et Mobilité

- **Tesla Autopilot** – Conduite autonome et assistance à la conduite
- **Waymo AI** – Véhicules autonomes et gestion du trafic
- **Nuro AI** – Livraison autonome par véhicules IA
- **HERE Technologies** – Systèmes de navigation et optimisation du trafic
- **Zoox** – Robotaxis et mobilité urbaine intelligente

12. Agriculture et Environnement

- **Taranis** – Surveillance des cultures et détection des maladies
- **FarmLogs** – Optimisation des rendements agricoles avec IA
- **Blue River Technology** – Agriculture de précision et pulvérisation intelligente
- **The Climate Corporation** – Prédiction météorologique pour l'agriculture
- **Civis Analytics** – Gestion des ressources environnementales

13. Droit et Sécurité

- **ROSS Intelligence** – Recherche juridique et analyse de textes
- **Casetext CARA AI** – Assistance aux avocats pour l'analyse des dossiers
- **PredPol** – Prédiction de la criminalité et gestion des risques

- **Clearview AI** – Reconnaissance faciale et identification
- **ComplyAdvantage** – Détection de fraudes et conformité réglementaire

14. Art et Divertissement

- **AIVA** – Composition musicale assistée par IA
- **OpenAI Jukebox** – Génération de musique à partir de texte
- **Runway ML** – Animation et effets spéciaux IA
- **Scenario AI** – Génération de graphismes et assets pour jeux vidéo
- **Deep Dream Generator** – Transformation artistique d'images avec IA

Conclusion : L'intelligence Artificielle, Un Univers De Possibilités Infinies

L'intelligence artificielle est bien plus qu'une simple technologie : c'est une révolution qui redéfinit notre manière de travailler, d'innover et de créer. À travers ces **2200 prompts**, nous avons exploré **les multiples applications de l'IA**, couvrant des domaines aussi variés que la médecine, la finance, l'éducation, la création de contenu, l'industrie et bien d'autres encore.

Ce livre vous a fourni **un large éventail d'idées et**

d'inspirations pour exploiter la puissance de l'IA dans vos projets professionnels et personnels. Que vous soyez un entrepreneur cherchant à automatiser son activité, un développeur souhaitant améliorer ses algorithmes, un créatif explorant de nouvelles formes d'expression, ou un chercheur en quête d'innovation, l'IA offre **des opportunités sans précédent.**

Vers un Futur Assisté par l'IA

L'évolution rapide de l'intelligence artificielle signifie que **les possibilités d'aujourd'hui ne sont que le début.** Chaque jour, de nouvelles avancées voient le jour, rendant l'IA **plus puissante, accessible et intégrée à nos vies.** Ce livre ne se veut donc pas une fin en soi, mais **un point de départ** pour vous aider à **expérimenter, créer et repousser les limites** de ce qui est possible avec l'IA.

Que vous utilisiez ces prompts pour **optimiser vos processus, générer du contenu, automatiser des tâches ou développer de nouvelles idées,** souvenez-vous que **l'IA est un outil au service de la créativité et de l'innovation.** Ceux qui sauront l'exploiter intelligemment seront les leaders de demain.

Le futur appartient à ceux qui osent expérimenter avec l'intelligence artificielle. À vous de jouer !

www.ingramcontent.com/pod-product-compliance
Lightning Source LLC
LaVergne TN
LVHW051733050326
832903LV00023B/907